U0828865

苏州市泰伯文化研究会　编
吴永敏　主编

泰伯文化研究

辛丑集

古吴轩出版社

图书在版编目（CIP）数据

泰伯文化研究. 辛丑集 / 苏州市泰伯文化研究会编. --
苏州：古吴轩出版社, 2021.6
ISBN 978-7-5546-1765-6

Ⅰ. ①泰…　Ⅱ. ①苏…　Ⅲ. ①泰伯（前1285-前1194）-人物研究-文集　Ⅳ. ①K827=23

中国版本图书馆CIP数据核字（2021）第118020号

封面题签：潘振元
责任编辑：李爱华
见习编辑：江莺华
装帧设计：唐　朝
责任校对：黄菲菲
责任照排：晴　天

书　　名：泰伯文化研究. 辛丑集
编　　者：苏州市泰伯文化研究会
出版发行：古吴轩出版社
地址：苏州市八达街118号苏州新闻大厦30F　　邮编：215123
电话：0512-65233679　　传真：0512-65220750
出 版 人：尹剑峰
印　　刷：苏州市越洋印刷有限公司
开　　本：710×1000　1/16
印　　张：11.75
字　　数：191千字
版　　次：2021年6月第1版　第1次印刷
书　　号：ISBN 978-7-5546-1765-6
定　　价：48.00元

如有印装质量问题，请与印刷厂联系。0512－68180628

资助：

苏州市文学艺术界联合会　苏州市财政局

编辑委员会：

吴永敏　胡韵荪　王稼句

庞　曦　潘振亮　潘文龙

主编：吴永敏

执行主编：王稼句

目录

学术论坛

园林纵横

随笔杂俎

吴门书道

文献钩沉

会　讯

吴史研究的新资料与新发现概述

程　义

一、《史记》与《吴太伯世家》

《史记》是研究先秦史最基本的文献，其优点古人早有定论。班固《汉书·司马迁传》云：“自刘向、扬雄博极群书，皆称迁有良史之才，服其善序事理，辨而不华，质而不俚，其文直，其事核，不虚美，不隐恶，故谓之实录。”范晔《后汉书·班固传》曰：“迁文直而事核，固文赡而事详。”据《晋书·张辅传》记载，张辅撰《班马优劣论》认为“迁之著述，辞约而事举，叙三千年事，惟五十万言”。《史记·太史公自序》称该书写成后，“藏之名山，副在京师”，司马迁死后，“宣帝时，迁外孙平通侯杨恽祖述其书，遂宣布焉”，魏晋时期《史记》流传稍广，晋徐广做《史记音义》、刘宋裴骃采经传百家并先儒之说，做《史记集解》。《史记集解序》曰：“其言秦汉详矣。至于采经摭传，分散数家之事，甚多疏略，或有抵牾……考较此书，文句不同，有多有少，莫辩其实，而世之惑者，定彼从此，是非相贸，真伪舛杂……采经传百家并先儒之说，豫是有益，悉皆抄内。删其游辞，取其要实，或义在可疑，则数家兼列。”

唐司马贞做《史记索引》，张守节做《史记正义》，延用裴骃的思路，推求异文、考证史实、训释音义。此后，《史记》的基本面貌就已确定，各种形式的合注本开始盛行（《史记》的版本问题，可参考贺次君《史记书录》），比如日本的《史记会注考证》就是将各种版本和注释做了集成，可以说各种版本异同罗列殆尽。1959年中华书局点校本《史记》出版，2013年又吸收了各种研究成果，对该版本进行了全面的修订，为最通行的版本。

《吴太伯世家》为《史记》卷三十一，“世家”第一，是研究吴国历史最系统的文献。《太史公自序》曰：“太伯避历，江蛮是适；文武攸兴，古公王迹。阖庐弑僚，宾服荆楚；夫差克齐，子胥鸱夷；信嚭亲越，吴国既灭。嘉伯之让，作《吴世家》第一。”这段话相当于太史公的写作提纲。我们可以看出，他在撰写时已经确定了“太伯奔吴”“阖闾入郢”“夫差克齐”“勾践灭吴”“嘉伯之让”这五个主题。可见《吴太伯世家》虽然是一部系统的吴国史，但已经对原始史料进行过精心的剪裁。如果我们把各王所用字数做一统计，这一意图就会看得非常清楚。全文四千六百余字，寿梦以前十九世四百五十字，寿梦八十余字，诸樊二百七十余字，寿梦至余昧死四王共计五百八十余字，王僚近七百五十字，阖闾六百十三字，夫差一千零六十余字，赞论近一百七十字，但季札就有一千零二十余字（不含王僚被杀后的七十三字）。虽然确如宋代苏洵所云，司马迁采用了“本传晦之，而他传发之”（《嘉祐集》卷九《史论中》）的互见法，《史记》里有《伍子胥传》、《刺客列传》之专诸、《孙子吴起传》之孙武等内容，但对于吴国国史来说，各王的事迹，特别是像寿梦这样的“始见于经传”的贤王，才是主题，所占篇幅却很小。那么是不是“文献不足征”呢？顾炎武《日知录》卷二十六“史记”条云：“凡世家多本之《左氏传》。”我们试着将《左传》的内容插入《史记》后发现，太史公显然对各王的事迹做过剪裁。即使如《太史公自序》所云“余所谓述故事，整齐其世传，非所谓作也”，也不是简单的“整齐”而已，而是带有强烈的个人史观。

根据《汉书·司马迁传》载，太史公“据《左氏》《国语》，采《世本》《战国策》，述《楚汉春秋》，接其后事，讫于天汉。其言秦、汉，详矣”。这是汉代人对《史记》史源的认识。根据日本人泷川资言《史记总论》之《史记资材》的统计，《史记》的史源要丰富得多（见《史记会注考证》）。不但有经传，而且有诸侯史记，甚至有策士游说之词的照录（见赵生群《〈史记〉取材于诸侯史记》、何晋《战国策研究》）。但不可否认，主体仍是《左传》等书。具体到《吴太伯世家》，今人赵伯雄认为《左传》之外，尚有取自吴国本国史记的内容，也有取自其他经传如《公羊传》，甚至还有诸子传说的内容（见《吴世家史源探讨》）。《太史公自序》说他的目标是“成一家之言，厥协六经异传，整齐百家之语”，并非一部事无巨细的实录。

《吴太伯世家》和《史记》其他内容一样，“甚多疏略，或有抵牾”，但苦于没有新资料，前人的研究只能在字句上有所改观，对于内容就无能为力了。宋代以来，金石学大兴，吴国青铜器偶有著录，学者们也做了一些探讨，但以著录为主。现代考古学兴起以来，不仅在吴越故地，而且在河南、陕西、山西、湖北、山东、安徽、江西等地都发现了数量不少的和吴国历史相关的铭文铜器（见董珊《吴越题铭研究》）。近些年公布的《上海博物馆藏战国楚竹书》《清华大学藏战国竹简》两批楚简虽不是科学考古发掘所得，但其内容对于研究吴国历史意义重大（见杨博《战国楚竹书史料价值探研》），过去零星发现的简帛也颇有补正吴史的作用。在这些新资料的推动下，吴国史的研究出现了新的局面，对一些关键问题大家展开了深入的讨论。但这些资料和成果比较零散，利用起来有一定的困难。

王国维《古史新证》说：“吾辈生于今日，幸于纸上之资料外，更得地下之新资料。由此种材料，我辈固得据以补正纸上之材料，亦得证明古书之部分全为实录，即百家不训雅之言，亦无不表示一面之事实。”真正以出土资料来补充、考证《史记》的现代学者，首推陈直。陈直《史记新证自序》云：“余之为新证，是在会注考证及考证校补之外，加以解释，其材料多取材于考古各方面。如殷代则用殷墟甲骨文，两周则用铜器铭文，秦汉则用权量、石刻、竹简、铜器、陶器诸铭文。使文献与考古合为一家，其他有新义者，亦一并附入……书名新证者，多以出土之古器物，证实太史公之纪载，与逐字做训诂音义者尚微有区别。”陈直所做《吴太伯世家新证》即全以金文资料为依据，但仅有不足十条。

新中国成立以来，特别是近些年来，出土文献的整理和发布空前活跃，有关吴国历史的资料也时有发现。为利于大家进一步认识和研究吴国历史，就这些资料做一介绍。

二、金文资料

春秋时期的金文内容除了延续西周金文的祭祀、赏赐、盟誓等内容外，婚媾等外交内容相对较多。吴国历史相关的青铜器按国别可以分为三个层次：

一、吴国本国青铜器。据董珊的初步统计，以兵器为主，礼乐器为辅，约有八十余件，特别是两柄余昧剑的发现，对吴国史的研究意义重大。通过对这些铜器的研究，我们初步排定了春秋时期除王僚之外的所有吴王的金文名，有人称为夷式名；同时也基本归纳出了吴国国名“勾吴”的演变规律；吴季大器群的出现给我们探寻吴国起源提供了新线索；苏博馀昧剑和绍兴路馀昧剑的发现，为我们解决馀祭、馀昧的王年问题提供了直接证据，加之伐麻之战的确认，使《史记》的正确性得到确认；特别是二剑铭中的“姑雠”二字确认后，我们联系诸樊诸器里的“姑發”，对“姑苏”一词的意义做了探讨。吴国或相关国家的媵器为我们提供了认识吴国外交的新内容。除此之外，董珊等学者对一些人名和事件的深入考证和挖掘，给我们提供了补充和认识吴国历史的新证据。

二、楚系与越国铜器。楚国是南方第一大国，经过历代楚王的不懈努力，几乎将南方诸侯吞并殆尽，或置郡县，或成盟国，形成了庞大的楚文化区。吴国兴起于江淮地区，西境即和楚国接壤。吴国准备北上逐鹿中原之际，迅速和楚发生摩擦和对峙在所难免。因此，吴楚历史实质上你中有我，我中有你，在楚系青铜器铭文中保留有吴国历史信息自是正常不过。吴楚之交，主要是兵戎相见。兵法云，知己知彼，百战不殆。我们也尽量将当时敌对双方的执政者、军事指挥官、参战人员、武器装备等有关的铭文一并收集，这样我们就能够更加深入地理解历史的细节和形势。战争不但对当时的经济、社会、文化造成深刻的影响，一些重大的军事行动，如吴师入郢之战，还对后来的历史走向，甚至一些小国的存亡都起到了决定性作用。汉水流域的曾随就是因为在吴师入郢，楚国面临灭国的危急时刻，保护了楚昭王，而和楚国结下了深厚的友谊，因此在江汉诸侯“尽属楚”的情况下，能继续“左右楚王”，以楚国从属国的半独立身份与其共进退。这在曾国青铜器铭文中都有明确的反映。在吴楚之争中，江淮流域诸国的动向异常复杂，叛服无常，实际上是左右局面的一支重要力量。所以这些小国的金文也有相当高的史料价值。

虽然吴楚之争时期，越国作为楚国的远交，为配合楚国的行动也有一些牵制吴国的军事行动，但都是小规模低强度的助攻。吴建阖闾大城之后，吴越之争迅速替代了吴楚之争，吴越关系成为吴国历史的主要内容。越国在允常和勾践时期与吴国的交往比较多，越灭吴之后，楚进入吴国腹地，越北徙琅琊，后越王翳都吴，吴人孚错枝趁机自立为王。这些和吴国密切相关的内容在越国铜器中也有反映。据董珊收集统计，越国铭文铜器近一百二十件，以兵器为大宗，内容涉及越国、越王的名号，越灭吴等重要内容。

三、其他国别金文。吴国在立国之初即采取远交近攻的外交策略，联合北方的晋国对抗楚国。阖闾、夫差时期，国力达到鼎盛，开始寻求突破北方齐国进入中原的道路。在这个过程中，吴和齐展开了激烈的争斗，艾陵之战以吴胜利而告终，但齐国一直是吴国北方的强大对手。在战胜齐国之后，吴一路向西，进入中原，召集诸侯会盟，著名的赵孟庎壶即是黄池之会的有关遗物。秦远离吴国，但和吴的强敌楚接壤，并是盟国，所以在吴楚之争时，秦也对楚施以援手，据此推断秦系铭文中也许会有相关内容。此外，吴国和晋南的虞国，按《史记》的记载，是兄弟之国，因此，虞国铭文也应该包含着吴国早期历史的信息。吴国是春秋晚期兴起的一支重要力量，吴越争霸戏剧性的翻转，给时人留下了深刻的印象。历史是一面镜子，这些经验和教训很快就被吸纳进了箴言之类的文本，并被铸刻在青铜器上以警示后人，著名的中山王鼎铭文里即有相关内容。

三、简帛和图像

李学勤《简帛佚籍与学术史·自序》云："各地新发现的简牍帛书，是考古工作的最重要的收获之 ·，其价值之珍贵，影响之深远，实在难以估量。"由于保存条件的缘故，主要是楚地和北方一些特殊埋藏环境下保留下来的简帛。尽管不是吴国境域内的简牍，其中包含的只字片语对于极度缺乏资料的吴国史而言，都弥足珍贵，其中《上海博物馆藏战国楚竹书》和《清华大学藏战国竹简》尤为重要。

《上海博物馆藏战国楚竹书》，上海古籍出版社已出版了九册整理成果。该简为1994年上海博物馆从香港市场抢救购买而得，具体出土地点已不可考证，据传出自湖北。经上海博物馆文物保护与考古科学实验室的科学测试与比较分析，当为战国晚期楚国贵族墓中的随葬品。内容总共八十余种，包括原存书题二十余篇，全部是秦始皇“焚书坑儒”前原始的、第一手的战国古籍，涉及历史、哲学、宗教、文学、音乐、文字、军事等。其中以儒家类为主，兼及道家、兵家、阴阳家等，多为传世本所无。其中《吴命》是直接和吴国有关的内容，共存九简，“吴命”为原有篇题，书于第三简简背。全篇大致可分为两章：第一章记述吴王率军北上，至陈国境内，引起晋国恐慌，晋军遂派遣使臣与吴交涉周旋，终使吴军离开陈国；第二章为吴王派臣下告劳于周天子之辞，文句大致同于传世本《国语·吴语》。除此之外，涉及楚庄王、灵王、平王、昭王以及申公、白公、太子建等人的事迹，这些内容都和吴国史相关。

《清华大学藏战国竹简》，中西书局已出版八册整理成果。该简为2008年7月赵伟国向母校清华大学捐赠，计二千三百八十八枚战国竹简。这批竹简的出土时间、流散过程，如今已不得而知。竹简上记录的“经、史”类书，大多数前所未见。李学勤说这将极大地改变中国古史研究的面貌，价值难以估计。这批简书不仅有“诗书礼乐”，而且有大量的历史类书籍。其中和吴国历史直接相关的首推《越公其事》。《越公其事》全篇共七十五简，共分为十一章，详细叙述越王勾践兵败后经十年生聚、十年教训，依次实施好农、好信、征人、好兵、饬民“五政”，重新崛起，最终灭吴的经历。《越公其事》与《国语》中《吴语》和《越语》皆以勾践灭吴为主题，整体结构大致相似，但叙述过程详略不同，为我们提供了很多吴越争霸的细节。另一部和吴国史密切相关的文献是《系年》。《系年》一共有一百三十八支竹简，全篇共分为二十三章，记录了西周初年到战国前期的历史，其中有许多事件不见于传世文献，可能对《左传》《国语》《史记》等典籍有订正作用。《系年》虽是楚人著作，但涉及吴国历史的内容也不少，如申公巫臣、伍子胥、蔡侯等人，也有南淮之行、鸡泽之战等历史事件的记载，当然相关吴楚之间的记载就更丰富了。关于《系年》的研究，已经出版了《清华简系年与古史新探研究丛书》，学者们从文字考释、解释以及与其他古籍的比较、书法等方面展开了全面的论述，可供参考。《良臣》共十一支，简文通篇连贯书写，主要记述黄帝以至春秋著名君主的良臣，里面涉及伍子胥和伯嚭。

汉代简帛书中涉及吴国史的内容不多，较为系统的是马王堆汉墓出土的《春秋事语》。《春秋事语》共十六章，原书没有书名，现在的书名和章节名是整理者所拟。其中第十章《吴人会诸侯》、第十六章《吴伐越章》是有关吴国历史的内容。汉简对吴国史另一重要意义是直接证明了孙武其人及其《孙子兵法》的真实性。《史记·孙子吴起列传》表明春秋战国时期有孙武和孙膑两个军事家，他们的著作均可称《孙子兵法》，《汉书·艺文志》载有《吴孙子兵法》八十二篇。但《史记》称吴王阖庐谓孙子曰："子之十三篇，吾尽观之矣。"在传末又论之曰："世俗所称师旅，皆道《孙子》十三篇、《吴起兵法》世多有，故弗论，论其行事所施设者。"司马迁在传记中写了两个孙子，一个是春秋时期的孙武，一个是战国时期的孙膑，但是确定著作名称的只有一部《孙子》十三篇。但作者到底是谁？为何和《汉书》记载的篇数不合？有不少学者据此认为，司马迁可能是将一人误作两人，一书误作两书。也就是说，《孙膑传》中提到的传世兵法，就是《孙子》十三篇，作者就是孙膑，没有其他的兵法，也没有其他的作者。这个公案长期以来纠缠不清，众说纷纭。1972年在山东临沂银雀山的西汉墓葬中发现的《孙子兵法》和《孙膑兵法》证明《史记·孙子吴起列传》与《汉书·艺文志》关于孙武和孙膑是不同时期的两个人，他们各有兵法著作传世的记载确凿无疑。银雀山汉简本《孙子兵法》下编残简《见吴王》中两次提到"十三扁（篇）"。1978年，在青海大通县上孙家寨出土的一批汉代木简中，又发现了一些《孙子》佚文，与银雀山竹简《孙子》所述相合，进一步证实了孙武著作的篇数。这两次出土文献是对司马迁《孙子》十三篇说法的最好印证，也就解决了《孙武兵法》真实性问题。

人类记录历史的方式主要有两种，一种是语文，另一种是图像。饶宗颐《中华文化图像史·序》说："由于'左图右史'的文化传统，中国古代重视图像较之文字毫不逊色。"这些图像一方面铸造于青铜器或刻于岩石之上，或者和文字配合绘于竹帛。但因为载体和复制难度的不同，有关先秦的图像记录几乎湮没无闻。随着考古学的发展，偶有一些先秦图像得以重现，给历史研究提供了全新的素材。库尔特·塔科尔斯基说“一幅画所说的话何止千言万语”。正因为图像对史学如此重要，甚至催生了一门“形象史学”。孙晓在《形象史学研究·前言》中开宗明义讲“形象史学，是指把形与象作为史料，用以研究历史的一门学问”，“具体来说，专门指运用传世的岩画、造像、铭刻、器具、书画、服饰等一切实物作为证据。结合文献来考察史实的一种新的史学研究模式”。有鉴于此，我们尽量将有关的图像也予以收集，如著名的《水陆攻战图》对于解释吴楚水战就是非常好的资料，比纯文字的描述要直观得多。最近发现的海昏侯墓孔子画像描绘了孔子及其门徒的形象，这里面就包括和吴国历史有关的子贡。遗憾的是，这样的素材实在太少。到东汉，画像石格外盛行，且易于保留。古圣先贤、历史故事、神话传说以及统治阶级享乐生活的情景也常见于画像石。画像石虽不是同时代人所做所绘，但依然可以从中看到历史的印迹，也记录了汉代人对相应历史事件的理解。魏晋时期，著名的季札挂剑、伍子胥谏吴王的情节都在文物里有所发现。这些零星的图像是不可多得的形象史学史料，值得进一步研究。

春秋时代距今已远，文字记录里涉及很多器物的名称，现今这些器物有了名物学的研究成果，相关图像资料更方便大家准确理解历史。

四、城址、墓葬考古发现

先秦国家的形态和后世颇不相同，大多国家是城邦式国家，国即是城，城即是国。国家一般由大的城市，特别是国都为核心，再辅以周边的一些邑构成，国与国之间没有明显的疆域界限。因先秦的战争主要是对城邑的争夺，占领一个国家或消灭一个国家，只需要占领其主要的城市，大功即可告成。因此，城市遗址是研究吴国历史重要的材料之一。司马迁虽然在年轻时游历过吴越，但在《史记》里并没有对吴越都城的记录，这为我们后人理解吴国史，特别是吴国早期历史留下了很多困惑。城址中最重要的首推吴国都城相关城址。据张敏统计，鸠兹、葛城、固城、阖闾城、木渎古城、淹城、天目山古城和佐安城等城址，均可能和吴国都城有关。这些城址的发现和发掘，一方面为我们提供了复原吴国文化面貌的素材，另一方面为我们确定吴国都城地望及其迁徙提供了证据和思路。除了吴国城址外，楚国都城，特别是郢都对于吴国史意义重大。郢都地望直接关系着吴入郢一系列地名和路线的确定。蔡、徐、群舒、巢、唐、江、黄等这些夹在吴楚之间的江淮小国城址的确定，对吴国史的研究也有很重要的意义。越国是吴国晚期的主要对手，其城址对吴国史的意义自然和楚国城址一样重要（见《中国考古学·两周卷》第七章）。

城址之外，墓葬考古是补正吴国史的另一大资料来源。吴国王陵虽然目前仍不能确定，但已经发掘的众多土墩墓，特别是宁镇地区一系列的发现，为我们寻找吴王陵提供了线索，苏州真山墓的发掘更进一步推动了这一课题的研究。但非常遗憾的是，目前还没有办法确定吴越地区很多墓葬的归属。相对而言，越墓的发现多一些，我们可能需要加大对越墓的研究，然后使用排除法来认定吴墓。蔡侯墓、楚墓、越墓、齐墓等周边国家墓葬里发现的遗物，特别是青铜器铭文对于吴国史的研究更是不可或缺。这些铭文一方面反映了当时的史实，另一方面也反映了不同作者站在不同立场对同一事件的不同记叙。如曾侯与编钟记载吴入郢就称“吴王恃有众庶，西征南伐，乃加于楚”。这一记载显然带有谴责吴国的意味，如果有吴国铜器记载此事，一定会是另一个版本。现代史学认为，历史的研究不仅仅是文本的研究，物质文化也是历史的重要组成部分，因此墓葬随葬品的发现无疑是研究吴国物质文化史最好的素材（见《中国考古学·两周卷》第九章）。

五、我们的设想

二十世纪五十年代以来，中国考古和史学研究取得了长足的进步，特别是改革开放以来，重大考古发现层出不穷，各种资料汇编和数据库建设迅猛发展，过去不易见到的零散资料得到汇集，特别是楚国、吴越史相关的金文、简帛资料的综合整理给研究者带来了极大便利。在这种有利的形势下，发端于民国时期的吴越史研究也开始走上快车道。一些以出土资料为主要依据的研究，特别是一些学位论文，如王泽文《春秋纪年铜器与〈左传〉的对照研究》、丁晓珉《楚世家新证》、张子鹏《〈史记〉殷周秦本纪新证图补》、徐世权《出土商周时期青铜器铭文中的国名考察》、张子鹏《吴越史新探》、王自兴《殷周金文所见地名辑释》、白显凤《出土楚文献所见人名研究》、马晓稳《吴越文字资料整理及相关问题研究》、刘光《出土文献与吴越史专题研究》等，在利用出土文献方面做出了新探索。

鉴于吴越史的地域特性，它的研究带有非常强烈的地方主义色彩。这种色彩有利的一面是，地方学者对所研究的区域耳熟能详，资料熟悉；不利的一面是地方学者在使用史料时带有明显的选择性，甚至有将传说当作关键史料的危险。对于吴国史研究而言，人们熟知的《吴越春秋》《越绝书》，前贤都已指出是类似小说家言的作品，但仍有学者深信不疑。这类文献，尽管带有历史的影子，但在关键问题的论证上，仍需要认真分析。但严肃的学者也有很矛盾的地方，比如当《左传》和《史记》记载互异时，有的学者就坚持认为时代早者较时代晚者可信。如此种种，都影响了我们深入了解吴国史的真实面貌。因此，我们采取兼容并包的策略，将有关的史料以《吴世家》原文为骨干，以《春秋》、《左传》、金文、简帛文献为枝叶，再辅以自己的理解对前述资料做一疏解。《史记》《春秋》《左传》属于传统意义的文献，而金文则属于春秋人的记录，简帛书为战国秦汉人的记录。如果能将这些资料按时间主轴依次排比，并结合各位学者的研究成果的分析，那将更进一步推动吴国史的深入研究。

泰伯、仲雍之吴姓探源

吴永敏　吴友华

泰伯、仲雍同心三让，成就周王朝盛世八百载，开创吴国六百年灿烂辉煌。《论语·泰伯》引孔子的话："泰伯，其可谓至德也已矣！三以天下让，民无得而称焉。"司马迁《史记》列《吴太伯世家第一》。参天之木，必有其根；怀山之水，必有其源。乘中华文化复兴之势，扬吴地人文兴盛之帆。本文从"因生赐姓，胙土命氏"的姓氏基因密码，"让国同心，至德齐光"的核心意涵，以及"受封显姓，以吴承姬"的家谱传承三个方面，对泰伯、仲雍之吴姓做简略探源。

一、因生赐姓，胙土命氏

上古时代及夏、商、周三代，只有贵族有姓有名有氏，而平民（奴隶）没有姓和氏。姓是从居住的部落，或者所属的部族名称（图腾）而来。姓的分支是氏，氏是从君主所封之地、所赐之爵、所任之职及功绩称号等而来。战国以后始以氏为姓，现在我们所谓的姓，大多数应是上古时代的氏。秦汉至汉魏时期，姓氏逐渐合二为一，不再区分，而平民百姓也才普遍有了姓。大家所熟知的《百家姓》成文于宋代初年，由钱氏吴越国钱塘的一位书生所编，本文不再详述。

中华姓氏，枝繁叶茂，源远流长。姓的起源可以追溯到远古时代的母系氏族社会时期，人们信奉图腾崇拜，从而将其尊奉为本氏族的象征和保护神，图腾可使本部落区别于其他部落。《史记·五帝本纪》说："炎帝欲侵陵诸侯，诸侯咸归轩辕。轩辕乃修德振兵，治五气，蓺五种，抚万民，度四方，教熊罴貔貅貙虎，以与炎帝战于阪泉之野。三战，然后得其志。"在当时炎帝也想侵略诸侯，因此诸侯都归顺了轩辕。于是轩辕修德立业，加强国防；顺应四时节气变化，种植五谷；安抚民众，考察四方的国土；训练熊、罴、貔、貅、貙、虎等"虎狼之师"——在阪泉郊野与炎帝交战，经过多次战斗最终获得胜利，征服了炎帝。炎、黄两大族群开始走向大融合，华夏民族得到大发展。

这里记载的熊、罴、貔、貅、貙、虎六个不同的图腾，既是六个氏族的徽帜，也代表了六个氏族各自的姓。在母系氏族时期，不同的姓则表示不同的女性祖先。最初产生的姓，大多带"女"字旁，如姬、姜、姚、姒、妫、嬴、姞、妘、妊、姮等。

《史记·五帝本纪》又说："蚩尤作乱，不用帝命。于是黄帝乃征师诸侯，与蚩尤战于涿鹿之野，遂禽杀蚩尤。而诸侯咸尊轩辕为天子，代神农氏，是为黄帝。"蚩尤叛乱，黄帝征调诸侯军队，在涿鹿郊野与蚩尤展开决战，擒获并杀死了他，从此也就形成了庞大的华夏部落联盟。

黄帝统一天下，奠定中华，肇造文明，在中华民族发展史上开启了一个伟大的文明时代。黄帝带领先民创文字、织丝帛、定历律、制舟车、造指南，奠定了中华民族的宏伟基业。孙中山曾说："中华开国五千年，神州轩辕自古传。创造指南车，平定蚩尤乱。世界文明，唯有我先。"

要研究中华姓氏，自然离不开人文始祖黄帝。《国语·晋语四》引司空季子语曰："同姓为兄弟。黄帝之子二十五人，其同姓者二人而已，惟青阳与夷鼓皆为己姓。青阳，方雷氏之甥也。夷鼓，彤鱼氏之甥也。其同生而异姓者，四母之子别为十二姓。凡黄帝之子，二十五宗，其得姓者十四人，为十二姓，姬、酉、祁、己、滕、箴、任、荀、僖、姞、儇、依是也。惟青阳与苍林氏同于黄帝，故皆为姬姓，同德之难也。昔少典娶于有蟜氏，生炎帝、黄帝。黄帝以姬水成，炎帝以姜水成。成而异德，故黄帝为姬，炎帝为姜，二帝用师以相济也，异德之故也。"《路史·黄帝纪上》说："氏定而系之姓，庶姓别于上，而戚殚于下。婚姻不可以通，所以崇伦类、远禽兽也。"黄帝时代开始实行的这种以命土以为氏的分封制度，由此而产生了大量的氏，这或许就是“因生赐姓，胙土命氏”的最初形态。

夏朝的建立者禹，生从母姓姒。《史记·夏本纪》说：“禹为姒姓，其后分封，用国为姓，故有夏后氏、有扈氏、有男氏、斟寻氏、彤城氏、褒氏、费氏、杞氏、缯氏、辛氏、冥氏、斟戈氏。”又说：“禹乃遂与益、后稷奉帝命，命诸侯百姓兴人徒以傅土，行山表木，定高山大川。”这里的“百姓”是指贵族。

《史记·殷本纪》说：“余以《颂》次契之事，自成汤以来，采于《书》《诗》。契为子姓，其后分封，以国为姓，有殷氏、来氏、宋氏、空桐氏、稚氏、北殷氏、目夷氏。”殷氏等“以国为姓”说明，在夏朝和商朝时，“因生赐姓，胙土命氏”已正式步入姓氏历史。

周朝是中华姓氏大发展的一个重要时期，建立之初，面临严峻的政治形势，周武王以一个“侯国小邦”之君迅速统治八百诸侯，非常担忧发生政局动荡，深刻反思了商朝因不重视血缘关系，以别族即可通婚的做法。《国语·晋语》说：“异姓则异德，异德则异类。异类虽近，男女相及，以生民也。同姓则同德，同德则同心，同心则同志。同志虽远，男女不相及。”为了巩固政权、安定天下，周武王加强了血缘裙带关系的影响力，强化了作为血缘标识的“姓”的地位，制定了完整的宗法制度和分封制度。按功行赏，实行以周王室为中心的分封制。大封姬姓贵族，强调宗法，希望同姓凝聚，筑起了拱卫西周王朝的安全屏障。《史记·周本纪》记武王“行狩，记政事，作《武成》。封诸侯，班赐宗彝，作《分殷之器物》。武王追思先圣王，乃褒封神农之后于焦，皇帝之后于祝，帝尧之后于蓟，帝舜之后于陈，大禹之后于杞。于是封功臣谋士，而师尚父为首封。封尚父于营丘，曰齐。封弟周公旦于曲阜，曰鲁。封召公奭于燕。封弟叔鲜于管，弟叔度于蔡，余各以次受封”。周武王分封姬姓宗室子弟和功臣位列国诸侯，共分为公、侯、伯、子、男五等，其不及五等者为附庸。《左传·昭公二十八年》说：“其兄弟之国者十有五人，姬姓之国者四十人，皆举亲也。”《荀子·儒效》也说：“兼制天下，立七十一国，姬姓独居五十三人，而天下不称偏焉。”周朝以“封诸侯，建同姓”，即是“封建”的原始含义，并实行以嫡长子继承权为核心，也就是“别子为祖，继别为宗”的宗法制度。宗族中又分大宗和小宗，周天子是天下的大宗，除嫡长子外的其他儿子被封为诸侯，诸侯对天子而言是小宗，但在他的封国内却是大宗。

大宗不仅享有对宗族成员的统治权，而且享有政治上的特权。周朝的分封制度是拓展与控制，宗法制度则是聚权与收族，两者一分一合，一表一里，形成了以“姓”为中心的政治礼法制度。《左传·僖公二十三年》说：“男女同姓，其生不蕃。”《国语·晋语四》也说：“同姓不婚，恶不殖也。”在大、小宗之外，一个氏即为一个小宗从大宗（氏）分支出来，另立门户。建立侯国要经周王认可，卿大夫立新家要得到君主允许，称为“胙之土而命之氏”。由于周武王大封诸侯国，氏的数量超过了姓的数量，“因生赐姓，胙土命氏”处于鼎盛时期。

进入春秋战国后，姓氏有了新的变化。春秋是属于东周的一个时期，战国为东周后期至秦统一中原前。时入悠悠乱世，诸侯群雄争霸，东周王室势弱。春秋五霸、战国七雄，各国攻伐兼并，诸侯国屈指可数，危机之下先后进行了富国强兵的变法改革。秦国之商鞅变法，将卒按军功大小授爵，无论贵族还是庶民，若没有军功就没有爵位。这样原来没有资格享有姓、氏的众多庶民因战功卓著，一跃成了拥有姓、氏的新贵族；而那些原来享有赐姓命氏荣光的旧贵族因没有军功而没有爵位，身份地位也随之而黯然失色。这些变法催化了旧的姓氏制度的瓦解与新的姓氏制度的产生。

秦始皇统一全国后，废分封，行郡县，重法治，淡血缘，宗法制消亡，地缘政治取代了血缘政治。姓氏合二为一，二者之间没有本质的区别，只剩下标记血缘系统符号的作用。新的姓氏制度在全国范围内社会各阶层中确立。顾炎武《日知录》卷二十三“姓”条说：“自战国以后之人，以氏为姓，而五帝以来之姓亡矣。”汉承秦制，西汉时期新姓氏制度得到了进一步完善，并形成定制，趋于稳定。从天子到庶人都有自己的姓，《孝经·天子章》说：“而德教于百姓。”唐李隆基注：“百姓，谓天下之人，皆有族姓。言百，举其多也。”此处“百姓”一词的含义，已不是三代时期的贵族百官，而是指所有一般民众。

据记载，太昊伏羲氏正姓氏，通媒妁，制嫁娶；黄帝吹律定姓氏。中国姓氏萌生于伏羲，兴起于炎黄，发展于夏商，鼎盛于两周，定型于秦汉，延续至今。《左传·隐公八年》说：“天子建德，因生以赐姓，胙之土而命之氏。”这是说古代帝王立有德之人为诸侯，根据他的出生血统赐给他姓，分封给他土地，并根据封地而命名氏。“因生赐姓，胙土命氏”，这便是中华姓氏发端的基因密码。

二、让国同心，至德齐光

泰伯、仲雍同心让国，由周奔吴的传奇故事，历经数千载流传至今，历久弥新。其间经历了怎样的历史风云，这里只能做简略的梳理。说起周族，其与商族还属近亲。据《帝王纪》记载，黄帝的曾孙帝喾有四妃：元妃有邰氏女，曰姜嫄，生后稷（弃）；次妃有娀氏女，曰简狄，生卨（契）；次妃陈丰氏女，曰庆都，生放勋（尧）；次妃娵訾氏女，曰常仪，生帝挚。简狄生的契，是商族的始祖；姜嫄生的弃，即后稷，是周族的始祖。

姜嫄生育后稷，《诗·大雅·生民》云："厥初生民，时维姜嫄。"《史记·周本纪》说："周后稷，名弃。其母有邰氏，曰姜原。……弃为儿时，屹如巨人之志。其游戏，好种树麻、菽，麻、菽美。及为成人，遂好耕农，相地之宜，宜谷者稼穑焉，民皆法则之。帝尧闻之，举弃为农师，天下得其利，有功。帝舜曰：'弃，黎民始饥，尔后稷播时百谷。'封弃于邰，号曰后稷，别姓姬氏。"后稷的封地"邰"，在今陕西武功杨陵一带。

周部落首领公刘，在周族发展史上起到了承前启后的重要作用。《史记·周本纪》说："公刘虽在戎狄之间，复修后稷之业，务耕种，行地宜，自漆、沮渡渭，取材用，行者有资，居者有畜积，民赖其庆。百姓怀之，多徙而保归焉。周道之兴自此始，故诗人歌乐思其德。公刘卒，子庆节立，国于豳。"周族的兴盛，自公刘而开始。

公刘去世后，其子庆节继位，立国于豳邑并建立国都。经过五世，被商朝封为豳侯，豳国逐渐强大。到泰伯、仲雍的祖父公叔祖类时，居住在中国西北部即现在陕西、内蒙古及其以北辽阔地区的鬼方、土方和羌方，自恃强大，不服商王管束，不朝贡。商王亲率大军，远道征讨。豳国是西北地区征讨鬼方的主要参战国之一，并出兵最多，出力最大，最终取得胜利。故公叔祖类得到了商朝的封号，豳国就正式成为商西北部的一个方国。

公叔祖类过世，古公亶父接位，那时泰伯、仲雍年幼，戎狄又趁火打劫，侵扰豳国。古公亶父只得以玉帛息干戈，用财物换和平，给戎狄送羊、送钱。然而戎狄并没有因此而满足，反倒变本加厉，不仅劫掠财物，还提出了要地、要人等要求。《史记·周本纪》说："薰育戎狄攻之，欲得财物，予之。已复攻，欲得地与民。"赵晔《吴越春秋·吴太伯传》也有记载："薰鬻戎姤而伐之，古公事之以犬马牛羊，其伐不止。事以皮币、金玉、重宝，而亦伐之不止。古公问：'何所欲？'曰：'欲其土地。'"戎狄的蛮横无理，使豳人无比愤慨，纷纷要求古公组织反击。但因豳国国力薄弱，泰伯、仲雍虽有军事才能，但年纪尚轻，经验不足，难以和戎狄抗衡。古公亶父召集群臣和民众开会讨论，主张离开豳地，向南迁徙，但遭到异议。大家认为放弃经过十代周人经营的豳国南迁，是软弱畏怯的表现。《史记·周本纪》记古公对大家说的话："有民立君，将以利之。今戎狄所为攻战，以吾地与民。民之在我，与其在彼，何异？民欲以我故战，杀人父子而君之，予不忍为。"古公的话，蕴涵着中华民族在国家治理中"以民为本"的政治理念。赵晔《吴越春秋·吴太伯传》则记古公这样说："君子不以养害。害所养，国所以亡也。而为身害，吾所不居也。"泰伯、仲雍非常了解当时的敌我形势，对父亲的决定是理解的。豳地的民众听了古公宣告，理解古公的苦衷，大家都不愿意当戎狄的奴隶，于是扶老携幼，一路往南移居到今岐山、扶风一带的荒原。这里被后人称为周原，也是周族的发祥地。

周原又称岐周，临近渭水，这里森林茂密、水草丰沛、土地肥沃，是一片可供种植、狩猎、采集食物的富庶之地。《史记·周本纪》说："古公乃杖去邠，逾梁山而处岐周。曰：'彼君与我何异？'邠人父子兄弟相帅，负老携幼，揭釜甑而归古公。居三月，成城郭，一年成邑，二年成都，而民五倍其初。"几年后，戎狄再犯，古公派泰伯、仲雍反击，将戎兵打得丢盔弃甲，并一举收服了豳地，拓展了周的区域。古公见泰伯、仲雍既能带兵打仗，又善于运用智谋，而此时的商朝日益衰落，古公出于翦商的目的，就把与豳相去不远的夏墟（北虞），即先祖后稷劳作过的地方，封为泰伯、仲雍的采邑，让他们镇守封地。按周族宗法，泰伯是嫡长子，要随父亲古公治理朝政，等到夏墟巩固后，泰伯又返回豳地（方国）。商王朝时期的国家是一种古国与方国的联合体，苏秉琦对"古国"的定义是"古国指高于部落以上的、稳定的、独立的政治实体，即早期城邦式的原始国家"。

光阴似箭，日月如梭，周族日益强盛。泰伯、仲雍之弟季历，也已结婚生子，古公很喜悦，亲自给孙子起名昌，并说："我世当有兴者，其在昌乎？"古公明白表示，可让周族发扬光大的人，恐怕就是季的儿子昌了。古公有翦商之志，于是想传位给季，再传给昌，让昌来振兴周族，代商而王。《诗·鲁颂·闷宫》云："后稷之孙，实维大王。居岐之阳，实始翦商。"古公自迁岐山之阳后，就有了灭掉商朝的想法。

宗法对嗣位的问题已有定制，嫡长子核心继承权万万不可随意废除，需要谨慎考量，怎样顺利传位，还需等待一个适当的时机。忽然一日，王宫传出了一件奇事，即有一鸟雀，衔了用朱砂书写的帛书，停留在昌的寓所门口。《古微书》卷三《帝命验》说："太任生子昌，时季秋之月甲子，有赤雀衔丹书入于酆，止于昌户。其书云：'敬胜怠者吉，怠胜敬者灭，义胜欲者从，欲胜义者凶。凡事不强则不枉，不敬则不正，枉者废灭，敬者万世。以仁得之，以仁守之，其量百世。以不仁得之，以仁守之，其量十世。以不仁得之，不仁守之，不及其世。'"又卷四《尚书中候》说："文王为西伯，季秋之月甲子，赤雀衔丹书入酆鄗，止于昌户，乃拜稽首受，最曰姬昌苍帝子。"人们都说这是昌的"圣瑞"。在夏、商时期，君主已提倡自己与天神有关，是由神赐天命让其统治天下的，借此增加"君权神授"的合理性。君主也代民众向天进行祭祀，以示自己是天神派来统治地方的，因此君王也称天子。于是周族民众对古公说出"我世当有兴者，其在昌乎"的话，深信不疑，对周族的未来充满信心。泰伯、仲雍随父亲南征北战多年，深知父亲的雄韬伟略和霸业雄心，非常理解父亲的苦心，加上弟弟季历智勇双全，富有开拓精神，也觉得由他来治理周族，定能实现父亲开疆拓土的愿望，所以才共同选择让位季历。

王充《论衡·谴告》说："太王亶父以王季之可立，故易名为历。历者，适也。太伯觉悟，之吴、越采药，以避王季。"泰伯、仲雍以"采药"为名离开岐周，选择了到南方聚民立国，是让国南奔，而非畏祸逃亡，这一重大行动一定得到古公的默许，否则也很难离开封地。可见"赤雀衔丹书"与为父"采药"有异曲同工之妙。

泰伯回到住地，挑选了数百精丁，仲雍也回到封地，聚集了一批人马，两人带着皮货、金银、重宝等，一起从周原出发，开始了一路艰辛一路行，发扬万般艰巨不畏难的精神，开启了新的征程。泰伯、仲雍渡过渭水，向南开进。就这样一路披星戴月，日夜兼程，翻山越岭，跋山涉水，横渡长江，到达江西九江一带。

据考古发现，商代中期以后殷人向南迁徙，曾到淮水、汉水、长江、江西中部沿江一带。泰伯、仲雍的队伍在过长江之后，为避免与当地土族发生摩擦，由原来沿长江向东行进，改为穿越黄山、宣城等山区，到达荆蛮之地（今太湖一带）。

再向前将是大海，而南面的浙闽地区，越人的势力非常强大。泰伯、仲雍迫于形势，决定在太湖之滨定居下来。由于年代久远，缺少文献记载，对泰伯、仲雍出奔的路线，史学界争论颇多。我们认为泰伯、仲雍南奔，先是到北虞（西吴，即西荆蛮），后来才迁徙到太湖之滨的东吴。

三千二百多年前，泰伯、仲雍为实现父亲古公的心愿，主动将王位让给季历。这一让，让出了周朝八百年基业，也创造了吴地六百年的灿烂辉煌。

商朝周族遵循以嫡长子继承权为核心及“兄终弟及”的封建宗法制度。由此，泰伯、仲雍唯有同心让位、同时让位，才能由兄弟季历而传于姬昌。在王位继承的问题上，仲雍也曾经主张泰伯让位季历，古代典籍也给仲雍留下了浓墨重彩的一笔。韩婴《韩诗外传》卷十第五章说：“大王将死，谓曰：‘我死，汝往让两兄，彼即不来，汝有义而安。’大王薨，季之吴告伯仲，伯仲从季而归。群臣欲伯之立季，季又让。伯谓仲曰：‘今群臣欲我立季，季又让，何以处之？’仲曰：‘刑有所谓矣，要于扶微者。可以立季。’季遂立而养文王，文王果受命而王。”仲雍说的“刑有所谓矣，要于扶微者”，意思是说，国家规定刑余之人（指断发文身）不可为宗庙社稷之主，也不能扶持国家从弱小走向强盛。仲雍的话，既说服了泰伯，也为季历承接君位找到恰当的理由。明杨文《泰伯墓碑记》说：“考泰伯之逃荆蛮，实与仲雍同窜。雍寓苏州之常熟，墓在虞山，伯仲事同而德亦同也。”历代诗歌中多有盛赞泰伯、仲雍同心让国的作品，如曹操《善哉行》云：“太伯仲雍，王德之仁。行施百世，断发文身。”李白《叙旧赠江阳宰陆调》云：“泰伯让天下，仲雍扬波涛。清风荡万古，迹与星辰高。”在常熟虞山仲雍墓道乾隆年间所建的石坊上，镌刻着“让国同心，至德齐光”的柱联，也诠释了泰伯、仲雍逊让高风的核心意涵。

三、受封显姓，以吴承姬

泰伯、仲雍率领的周人，来到太湖之滨，经过一段时间的沟通、磨合，经当地土著部落的同意，最终在梅里一带定居下来。他们按当年随父亲迁徙到岐山时那样，首要任务就是构筑城墙。《吴越春秋·吴太伯传》说：“数年之间，民人殷富。遭殷之末世衰，中国侯王数用兵，恐及于荆蛮，故太伯起城，周三里二百步，外郭丰百余里，在西北隅，谓之故吴。人民皆耕田其中。”元徐天祜注：“太伯所都，谓之吴，城要梅里平畴，今无锡县境。”因梅里一带地势低洼，没有丘陵和山脉，不能构筑有效的防御工事。为了扩大防御纵深和安全生存的空间，仲雍受命带领一支队伍，继续向东扩展，来到了今常熟虞山。兄弟俩继承并发扬古公主张的“以民为本”的理念，来到荆蛮之后，导民以德，齐民以礼，推行自后稷至周原期间积累的农耕技术，开垦耕地，种植作物，并采取当时先进的助耕制，当地民众的劳动积极性很高，连年喜获丰收。《诗·大雅·生民》云：“诞后稷之穑，有相之道。茀厥丰草，种之黄茂。实方实苞，实种实褎，实发实秀，实坚实好，实颖实栗。即有邰家室。”同时，泰伯等周人入乡随俗，断发文身。《左传·哀公七年》说：“大伯端委以治周礼，仲雍嗣之，断发文身，裸以为饰，岂礼也哉？有由然也。”此后周人与荆蛮土族通婚生子，繁衍生息，周原农耕文化与荆蛮土著文化得到了融合发展。

《史记·吴太伯世家第一》说：“吴太伯，太伯弟仲雍，皆周太王之子，而王季历之兄也。季历贤，而有圣子昌，太王欲立季历以及昌，于是太伯、仲雍二人乃奔荆蛮，文身断发，示不可用，以避季历。季历果立，是为王季，而昌为文王。太伯之奔荆蛮，自号句吴。荆蛮义之，从而归之者千余家，立为吴太伯。”司马贞《史记索隐》说：“此言自号句吴，吴名起于太伯，明以前未有吴号。地在楚越之界，故称荆蛮。颜师古注《汉书》，以吴言‘句’者，夷语之发声，犹言‘于越’耳。此言‘号句吴’，当如颜解。”“句吴”，即泰伯创立的具有国家形态的部落，又称“勾吴”“格吴”，因泰伯、仲雍的原封邑在北虞，“虞”与“吴”同，吴的名称即由此而来。而在此时，泰伯、仲雍以及子孙仍为姬姓。

赵晔《吴越春秋·吴太伯传》说：“古公卒，太伯、仲雍归。赴丧毕，还荆蛮。国民君而事之，自号为句吴。吴人或问：‘何像而为句吴？’太伯曰：‘吾以伯长居国，绝嗣者也。其当有封者，吴仲也。故自号句吴，非其方乎？’荆蛮义之，从而归之者千有余家，共立为句吴。”泰伯的回答很有意思，他说：我排行老大而任君位，但我没有子孙，不能传宗接代，那受封的应该是吴仲，所以我把自己住地称为勾吴。这不是那合乎道义的事么？吴仲即是仲雍，上文已说，“吴”即是“虞”，常熟虞山名称的来历，也在于此。

《史记·吴太伯世家第一》又说：“是时周武王克殷，求太伯、仲雍之后，得周章。周章已君吴，因而封之。乃封周章弟虞仲于周之北故夏虚，是为虞仲，列为诸侯。”西周王朝建立后，周武王封周章为吴国国君，于是追封泰伯为吴伯，因其排行老大，故称吴太伯，仲雍排行老二，即称吴仲雍。周武王加封周章之弟虞仲为虞国国君，即中国之虞，又称北虞，是西周诸侯国。于是追封仲雍为虞伯（虞公），是为虞仲雍，又称虞仲。因此与曾孙周章之弟同称虞仲。司马贞《史记索隐》说：“夏都安邑，虞仲都大阳之虞城，在安邑南，故曰夏虚。《左传》曰：‘太伯、虞仲，太王之昭。’则虞仲是太王之子必也。又《论语》称‘虞仲、夷逸隐居放言’，是仲雍称虞仲。今周章之弟亦称虞仲者，盖周章之弟字仲，始封于虞，故曰虞仲。则仲雍本字仲，而为吴之始祖，故后代亦称虞仲，所以祖与孙同号也。”《史记》此卷太史公曰：“余读《春秋》古文，乃知中国之虞与荆蛮句吴兄弟也。”说明了句吴与中原的渊源关系。因周武王封周章为吴国国君，赐姓吴氏，而此时泰伯、仲雍以及子孙为姬姓、吴氏，这便是“受封显姓，以吴承姬”的由来。

自泰伯、仲雍让国南来，到吴王夫差失国的六百多年间，句吴和吴国君王均为仲雍一脉。吴国历经周章立国之后，经十九世传到寿梦，吴国方闻名中华，并开始称王。寿梦称王，阖闾称霸，一度成为东南强国。至吴王夫差时，曾一度战胜越国，北伐强齐而大胜，在黄池与诸侯会盟，与晋争霸中原。夫差失国后，吴姓子孙流散各地，吴姓遍及全国各地及海内外，今已成为拥有两千三百多万人口的第十大姓。这样仲雍不仅是句吴三世君王的传世之祖，也是吴国自周章至夫差历代君王的传世宗祖，因泰伯没有子孙，泰伯姬姓，乃吴氏的传姓始祖，仲雍姬姓，乃吴氏的传宗始祖。

从吴氏家谱传承来看，泰伯、仲雍之吴姓，出自姬水，以黄帝为远祖。《史记·五帝本纪》说：“黄帝者，少典之子，姓公孙，名曰轩辕。”其生于寿丘，长于姬水流域（今陕西之北），以地名为姓，曰姬。黄帝传少昊，少昊传蟜极，蟜极传帝喾，帝喾传至五世弃（后稷），被封于邰，是周部落的始祖。八传至公刘时，由邰迁到豳地。传十七世到古公亶父时，迁到岐山之阳的周原。商代晚期已成为渭水中游的强盛诸侯国。

“受封显姓，以吴承姬”，是从吴王周章受封开始的，而有些人认为吴姓是因吴王夫差失国后，吴国子民为了纪念故国而改姓吴，这显然是一种以讹传讹的错误说法。首先从时间上分析，吴王周章受封是在周武王克殷，刚刚建立西周政权，武王按照西周王室宗法制度的规定，分封天下，“胙之土而命之氏”，于是吴王周章被封在吴地，为吴国国君，属于周皇室成员国为姬姓，得封吴氏。再者从逻辑和伦理上分析，吴王夫差失国时，王室成员及子孙必然受到牵连，甚至遭到追杀，生命受到极大威胁，纷纷逃亡到全国各地和海内外。说吴国子民为了纪念故国纷纷改为吴姓，显然不合逻辑，也有悖伦理。事实上，吴国王室成员及子孙为了避难，万不得已由吴姓改他姓。例如季札长孙吴濮婪，携老母顾氏、妻子仇氏，逃到西山消夏湾，后又迁往东山武峰山，为躲避越人迫害，改为濮姓。濮婪一支隐姓埋名，过着与世隔绝的生活，但他们始终没有忘记自己的祖先，在濮公庵供奉季札神位，直到南宋时，经报奏宁宗皇帝批准，才恢复吴姓。远在福建柘荣的季连一支，在吴王夫差失国后，他们拖家带口逃离吴地，一路上辗转于安徽、浙江、广东、福建等地，最后在闽东之柘荣山区安顿下来，改姓季连。因为季、吴血缘一家，因此世代遵守“季吴不婚”的规定。

朱熹在南宋庆元三年（1197）为《吴氏族谱》作序说：“吴氏之谱，为天下著姓，金枝玉树之根。”朱熹也盛赞了泰伯、仲雍作为吴姓传姓始祖和吴姓传宗始祖的历史地位。

综上所述，泰伯、仲雍之吴姓，乃从周武王按照西周王室宗法制度“胙之土而命之氏”的规定，将句吴古国国君周章，正式封为吴国国君才开始的。承姬姓，得封吴氏。诚如郑樵《通志·氏族略·氏族序》所说：“三代之后，姓氏合二为一，皆所以别婚姻而以地望明贵贱。”《史记》称秦始皇“姓赵氏”，称汉高祖“姓刘氏”，或言姓，或言氏，或兼言姓氏，均属一个意思，实际都是指的“姓”。因此，“受封显姓，以吴承姬”，乃为正解。

季札后裔的东山之衍

杨维忠

苏州东山镇吴巷村口，有一座荒芜的小山丘，高不过二十米，占地约三百平方米，长满了茂密的茅草，秋黄春绿，岁岁枯荣。此山丘名濮公墩，村人讹称鹁鸪墩。如今虽然四周造满高楼与大宅，但此墩仍保持着原始风貌，顽强地矗立着。据史料记载，濮公墩的得名和春秋时濮娄有关。濮娄为季札长孙，吴国被灭后，他率族隐居太湖之武山（今东山吴巷村一带），耕读传家，商贾致富，保存了吴国贵族季札一支的正统血脉，繁衍生息，裔孙兴旺。如今濮公裔孙散居苏州、上海、浙江等全国各地，在国外也多有分布。追溯武山吴巷吴氏历史，故事还要从延陵季子说起。

隐居武山

春秋时吴国季子让贤的故事，在华夏大地几乎家喻户晓，被誉为中华民族礼让谦逊的美德。季札是周太王之裔，周初泰伯与弟仲雍让贤南奔荆蛮，被吴人拥立为王，建句吴国。泰伯无子，卒后弟仲雍继位。仲雍四传至周章，被周朝封为诸侯。周章十四传至寿梦，始称吴王。寿梦有馀眜、诸樊、馀祭、季札四子，前三位兄长去世后，皇位本该由季札来继承，可他三次让贤，避居延陵。周灵王十年（公元前562），被封于延陵（今江苏常州），故称延陵季子。

季札之子早卒，又遭越兵入境，国破家亡，长孙濮婺挑起族中重担，率族隐居太湖东山之武山（又称虎山）。《洞庭吴氏家谱》说："季札长子随父适于齐，道卒，葬于嬴、博之间。其子婺避乱，始迁东洞庭武山。"又说："当夫差之世，遭越入吴，婺恐贻累宗室，乃奉祖延陵季子木主，携母挈室改姓濮氏，始避包山之消夏湾，复迁东山武山居焉。"濮婺率族迁居武山后，乃辟上起宇（意为建祖庙、筑住宅），树艺食力于乘凉山下（今西泾山），建祠供奉神主。配仇氏，生子午。

史载濮公墩始为濮婺垂钓处，卒后葬于此，是东山保存极少的吴越春秋遗迹之一。两千五百多年前，濮氏在武山开拓渐广，遂成闾巷，左右凿日月潭池，内开双井，外造仙桥，栽花种木，环绕阡陌，开渠引水，南通太湖，所居有上宅、下宅之名。婺妻仇氏有孕，随来同伴何氏之妻亦怀身孕，两姓指腹为婚。婺妻仇氏生子名午，何氏生女名秀，两家结秦晋之好。濮母与何母创一草庐于濮公山下，供奉祖宗神主，春秋祭祀，祷告神明，焚修香火，愿隆世代。濮午成年后娶何秀为妻，夫妻恩爱，极尽孝道，濮母、何母均享寿。

据《延陵祖德录》记载，濮婺撰有《高山诗》三章八句，为太湖文献之首。诗中有"爰有高山可立室""爰有高山以望故都"之句，意为避灾以高山，在太湖安家，不忘故都。《族氏规约》共有十二条，第一条"得姓篇"云："昔太王迁岐山，生三子，长曰泰伯，次曰仲雍。兄弟让国季历，遂逃于荆。十九世至寿梦，吴延陵季子始以国为姓，此得姓之始也。"

耕读传家

迁居东山一千余年间，濮婺后人一直默默无闻。唐德宗贞元九年（793），学识过人、气量豁达的濮甫生下次子濮肃。濮肃立志读书，边耕边读，在乘凉山下种木奴千株（木奴即橘树）。唐代洞庭红橘极为金贵，一树数百钱，甚至有千钱、万钱之树。濮肃农耕之余，读书寒暑不辍，想取得功名后恢复祖姓，更为吴氏。可几次科考，均名落孙山。科举之道不达，濮肃晚年筑印月堂，烹炼丹砂，清心修道，想另辟蹊径取得成就，光宗耀祖，可惜没有成功。

北宋时期，濮肃后人濮本颇有名望。濮本字君立，生于庆历八年（1048），生有六指，天资聪明，性不戏嬉。他十岁通举子业，又精农桑之技，同时不废吟咏，学习非常刻苦，夏秋黄昏蚊子成群，他将两只木桶盛满水，坐在凳子上把双腿伸入水中读书。每天夜晚睡觉前，他总要点着豆油灯在蚊帐内看几页书，天长日久把帐子也熏黑了。濮本成年后博览群书，学识超群，但他对科举不感兴趣，遍游名山大川，广交朋友。游四川峨眉，得知眉山苏老泉（苏洵）之名，特作《时事疏》前往寓所拜访。其文议论深切、文笔优美，苏洵读之惊异，与之交，并曾对弈。濮本作诗《偶感呈苏先生》，有“好手不甘袖，日对棋一盘”“古今多少事，落尽此空声”之句。

宣和二年（1120），濮本之孙十翁出生，为季札五十一世孙。濮十翁既晓天地之理，又精农耕之术。槜李汪伯洋学名很大，十翁备厚礼前往访之。汪氏诫其学十而不如精一。十翁忽地醒悟，回家专事种果，数年后家业隆起。家资充裕后，十翁把祖居上宅、下宅扩展并连接，建成周围五十六丈的吴巷村（时尚称濮巷）。南宋绍兴年间，十翁和父亲濮远响应官府号召，输献边饷犒军，朝廷赐以“忠孝”匾额。十翁勤于农事，心态平和，乐于助人，无疾而终，享年九十岁。

十翁之子濮百生，堪称延陵季子裔孙中里程碑式的人物。濮百生（1144—1208），又名吴百生，字承荣，季札五十二世孙，少有器识，举止过人，精农事，善商贾，学识超群。他感叹自己虽为延陵吴氏望族，却世代更为濮姓，脸上无光，立志恢复祖姓。他先辑《延陵祖德录》，以恢复正统，启迪族人。《延陵祖德录》云：“吴延陵季子以国为姓，此为得姓之始。”如今，裔孙把祖宗忘了，吴姓丢了，有何脸面去见先贤季子？经过多年准备，乾道元年（1165），濮百生倾家财组织族人赴临安，向朝廷请求恢复吴姓。孝宗赵昚下旨，派浙西路勘实后，准武山濮氏家族恢复姓吴，又酌免其居址地粮，以赐昔日吴氏祖上垦辟之功，陵延季子东山这一支裔孙自此恢复了吴姓。

人才辈出

恢复吴姓后，该家族展现出蓬勃生机。吴百生之孙万三，字充顺，个性庄重，行动皆尊礼仪，以孝悌著称，里中誉为楷模。万三之子吴泽（1225—1313），字兑夫，持身俭朴，气量纯雅。好读书，通《春秋》《易》，喜以诗书启发愚昧。府衙荐于朝，授宣政教官。吴泽之子寿宁（1256—1352），字逢辰，元代名士、儒商。至正四年（1344），他出资在武山锦鸠峰下建先祖吴季子祠，塑季子像，供族人岁时祭祀。又在祠旁建寿宁庵，凿泉于道旁，以利路人汲饮。吴寿宁在井栏题诗云："濮公墩下古祠边，疏剔云根碧盈然。廉让之间分一脉，任人呼作寿宁泉。"原来武山之麓有廉泉和让泉两汪清泉，一齐流入寿宁井中，吴寿宁《寿宁泉》之诗，暗喻武山吴氏的祖德。

明清时期，东山吴巷吴氏进入了鼎盛阶段，无论是在科举、文学方面，还是商贾、医学等领域，均涌现出不少优秀人物。明清两代，吴巷吴氏出了十二位进士和举人。吴惠（1400—1468），字孟仁，季札六十世孙，明宣德二年（1427）进士，为苏州洞庭两山历史上进士登第之始。授行人，奉使占城（越南中部），事毕返，升桂林知府。十年后，因政绩升广东参政。性慷慨，遇事敢为，疏财笃义，爱民如子，居官三十年，田庐不改旧貌。施槃（1417—1440），字宗铭，季札六十一世孙，明正统四年（1439）状元，他不但是洞庭山历史上第一位状元，也是明代苏州府第一位状元。施槃原姓吴，元末祖父华二嗣于东山金塔河施家，故改姓施。施槃考中状元后，准备恢复吴姓，但第二年就病卒了。吴文之（生卒年不详），字与成，季札六十四世孙，正德十六年（1521）进士。他从小"才性绝人，读书目数行下，七岁能属文，未弱冠，发解应天"，有武山神童之称。此外，吴巷进士还有吴嘉桢、吴钊、吴应芬、吴延熙、吴毓之等人。

吴氏是明清洞庭商帮的重要家族之一。明清两代，苏州洞庭山人，凭借自己的聪明才智和吃苦耐劳、顽强拼搏精神，成为商坛一支令人刮目相看的劲旅，与徽商、晋商、闽商、粤商等并驾齐驱，史称洞庭商帮。吴巷吴氏历史上出了许多大商人。吴泰一，字子华，季札五十八世孙，明洪武间著名商人。明朝建都金陵，对富有之家征集砖木以筑南京城。泰一家历年应征砖石之役而致家破产，筑城事竣后，得到朝廷奖赐。后泰一与弟合力经商，家道复振。吴敏（1408—1476），字思德，晚号海舟，季札六十世孙。他为当时著名儒商，力学古今政治得失，尤长于经济。明英宗朝，况钟任苏州知府，招吴敏为幕僚，凡府中重大事情，均请他参与议事，吴敏知无不言，言无不尽，为苏州百姓办了许多好事。况钟卒于苏州任上，吴敏捐资办理丧事，并扶棺送况公归南昌故里，撰《苏州府知府况公行状》。吴天襘（1421—1498），字原敬，季札六十世孙，著名义商。弱冠任粮长，历三十年。成化间以助边有功，授中书舍人。弘治间苏郡饥荒，他奋力赈恤，朝廷诏旌其庐曰“尚义”。弘治六年（1493），吴天襘耗千金重建东山渡水桥，使武山与东山变成通途。卒后吴宽为之书墓表，祝允明撰墓碣铭。

吴氏渔樵耕读之风代代相传，历史上出了五十多位文人学士。吴思政、吴思复、吴思德三兄弟是明初吴巷三位有影响的诗人，他们博学尚义，搜辑诸贤诗文，积汇成帙，刻印以传。所作诗文，创意造语，卓越不绝。著有《洞庭清气集》《柚庄遗稿》《吴氏联珠集》等。吴桥，字子乔，读书一目十行，文章为震泽模范。曾涉大江南北，纵游齐鲁燕赵，与诸名公卿王孙磋商诗文。吴镇，明成化间诗人，为大学士王鏊岳父，给青年王鏊以极大影响。吴之甲、吴之藻、吴之昌三兄弟为清初诗人，他们论列古今，别具慧眼，诗文清新艳逸，有庾鲍遗韵，著有《橘社存稿》《北游草》《君香楼集》等。吴庄（1679—1750），字友篁，季札六十八世孙，清代著名诗人。乾隆初重修《苏州府志》，吴庄独任采访。平日留心文献，收集考证二十余年，编有《七十二峰足徵集》一百零四卷，著有《半园诗文遗稿》八卷，被沈德潜誉为吴中风雅士。此外，吴巷吴氏之裔吴鼎芳、吴瑞、吴中朗、吴兆鲤、吴浩、吴定周等，都是明清及民国时期有影响的诗人或作家。

在医学与园林领域，吴巷吴氏亦有杰出人物。吴有性（？—1661），字又可，季札六十六世孙，是中国十七世纪著名的瘟疫学专家。崇祯末年，南北各省瘟病流行，时许多医家均把瘟病当伤寒来治，结果误伤了数以万计病人的性命。吴有性经过临床仔细观察研究，发现瘟疫病因，并从实践上升至理论，著《温疫论》传于世，成为中国瘟病学的奠基人。吴时雅（1631—1693），字斌雯，季札六十六世孙，清代著名园林家。性爱林泉，依水结庐，筑依绿园。卒后，徐乾学为其撰墓志铭。

苏州相王庙奉祀伍子胥考

李　峰

苏州是中国历史文化名城，姑苏区葑门之内相王路，原名相王弄，北起十全街，南至竹辉路，以有相王庙而得名。相传相王庙始建于唐。南宋绍定二年（1229）平江府知府李寿朋于重建市坊竣工后，刻石《平江图》，今珍藏在苏州碑刻博物馆（文庙内）。东南葑门内烧香桥东侧即刻有相王庙，临近古赤门，城外有赤门湾。苏州博物馆藏《明苏州府城碑》所刻相王庙、赤门湾位置相同。相王庙历经沧桑，清康熙四十四年（1705）苏州织造李煦重建，奏请加封所祀之神为护国忠显王。道光元年（1821）苏州织造嘉禄率绅民再次重建，并列入祀典。咸丰十年（1860）毁于战火。同治四年（1865）择今址重建，光绪三十四年（1908）再度修缮。相王庙毁于"文化大革命"时期，所遗残殿曾作为苏州市第八中学（今振华中学）校办工厂。1998年、2012年相继整修。现存朝南两进。大殿为硬山顶，面阔三间14.4米，进深12.4米，脊高约7米。大殿北侧为配殿三间。今址在相王路78号振华中学内，是苏州市第178号控制保护建筑。

相王弄历史悠久，原属长洲县，清雍正二年（1724）隶于新设元和县仁一图。据古吴轩出版社出版之《苏州古城地图》，清乾隆十年（1745）初刊、乾隆四十八年（1783）重刊《姑苏城图》作"相王庙衖"，同治《姑苏城图》作"相王衖"，同治《苏州府志》作"相王巷"，光绪年间所刊《苏州城图》和《苏城全图》皆作"相王衖"，光绪三十四年（1908）的《苏州巡警分区全图》作"相王弄"，

1914年《新测苏州城厢明细全图》作“相王衖”，1921年《最新苏州城厢明细全图》作“相王弄”。其后吴县高元宰编绘的《最新苏州市全图》《苏州新地图》《最近苏州游览地图》和日本名所图绘社1938年出版的《最近苏州游览地图》皆作“相王庙弄”。1940年伪江苏省建设厅技术室制《吴县城厢图》作“相王衖”，图例有“巷衖”。1949年1月大公书局出版的《最新苏州地图》又作“相王弄”。按字义，“衖”，读音xiàng，古同“巷”；方言读音lòng，异体字，同“弄”；皆指小巷、胡同。1949年后沿用相王弄名称，“文化大革命”时期改称向农三弄，1980年恢复原名，1987年拓宽改造，后改称相王路。

苏州相王庙，史志记载首次见于洪武《苏州府志·祠祀·庙貌》：“赤阑相王庙，在府治东赤门里，相传为吴阖闾筑城，见诛死，遂为神。洞庭西山也有祠。神姓桑，名湛璧，盖不可考。每岁夏至、重午，居民以角抵戏集祠下。或谓赤阑以庙近赤门为名。又《吴地记》云，南面讨击将军黑莫郝墓，在蛇门里，周敬王六年，筑城而死，今呼赤阑将军。三书自相抵牾，皆臆说也。或云，东相明王。又云，赤阑即赤门，相王即伍相，姑备录以传疑。”从上可知，洪武《苏州府志》对为吴王阖闾筑城死而为神之桑湛璧以及赤阑将军黑莫郝诸说，径称“自相抵牾，皆臆说也”。经查，唐末陆广微《吴地记》曰：“阖闾城，周敬王六年，伍子胥筑大城，周回四十二里三十步，小城八里二百六十步，陆门八，以象天之八风，水门八以象地之八卦。《吴都赋》云通门二八、水道六衢，是也。西阊、胥二门，南盘、蛇二门，东娄、匠二门，北齐、平二门。不开东门者，为绝越之故也。”又曰：“赤门有赤栏将军坟，在蛇门东，陆无水道，故名赤门。”洪武《苏州府志》所谓《吴地记》云，实乃与民间传说混同而来的编纂，却被明正德《姑苏志》，清康熙、雍正时奉敕编纂的类书《古今图书集成》，以及乾隆、道光、同治《苏州府志》和乾隆《元和县志》等旧志因袭照抄。

相王以其灵异，被尊为东吴上乡土谷神。明末清初人尤侗《太保疏》曰：“吾郡有十土地，而赤兰相王独尊，其赐履几遍东南，独广大方之列国，如齐、晋然，非邾、莒比也。庙貌森严，冕旒黼黻，埒于王者。”又被封为织造都城隍，“为织造衙门香火”（同治《苏州府志·坊巷》）。道光《苏州府志·坛庙四》收录苏州织造嘉禄道光二年（1822）所作《赤阑相王庙记》：

“赤阑相王，苏郡城东南隅之里社神也。织造驻扎其地，故官廨中亦奉之为香火神。按神姓桑，讳湛璧。周敬王时，吴王阖闾从相国伍员议，以梅里卑隘，迁城于苏。筑城，城下有蛟龙窟，水深莫测，绩用弗成。神以乌薪数千艘下之，工乃竣，神亦劳瘁以没。土人感其德，祀之为赤阑将军。相传元末有红巾贼攻城，民见神白马操戈，显迹抵御，一方赖以安堵。明洪武间始封为王。我朝百数十年以来，每遇旱潦厉疫，祷于神辄著灵应。康熙四十四年，圣祖仁皇帝南巡，驻跸苏州，特允前织造李煦之请，加封神为护国忠显王，颁赐龙袍御盖。洎我高宗纯皇帝翠华屡幸，又有御香卤簿之赐。至今葑江父老与织署之老吏役尚有目击其事者。噫！是非神之显忠佑民，肸蠁昭著，其何能承湛恩于列圣，熙鸿号于无穷若此哉！城南旧有神庙，土人以其地湫隘，复于庙南一由旬地，廓巴家园故址，为相王行祠。缭以周垣，布以廊榭。又于其旁塑花神，树竹木，为游观所，盖非一日矣。余自嘉庆二十三年奉命来苏，至祠展谒，喜其原隰之清旷，烟云之靓深也。顾而乐之用，慨然于斯。祠之岁事未修，典章有缺，具牒于今大中丞昌黎魏公，前方伯西江杨公。下郡县议，编入祭册，于是春秋俎豆有司既取给于学租之余，而织造复捐廉佐之。向之吏民喧阗醵金私祀，物不备而事不豫者，夫而后秩然有文。已议既定，其明年壬午春仲来修祀事，庙董事等进而言曰：公斯举也，所以彰国恩也，答神庥也，顺舆情也。三善备焉。将见神罔怨恫，物无疵疠，民之福，公之惠也。公可无一言昭示来兹乎？余不文，顾辞之弗获，已乃为叙。”

清人顾震涛《吴门表隐》卷三曰：“赤兰相王庙在南园赤门傍，行祠在巴家园。神姓桑，名湛璧（旧志作黑莫郝），亦名荣，封东吴上乡土谷神、织造都城隍（五月初六日神诞）。”几度重建修缮，相王庙愈建愈大，庙产越来越多。由于苏州织造为皇帝亲信，身份、地位很高，每年玄妙观逢大典、大出会时，相王老爷便被堂而皇之地抬入正门。信众颇多，城东机房工人也都笃信。俞樾《茶香室三钞》卷十“相王墓”条，引顾震涛上述记载后曰：“按唐陆广微《吴地记》云，赤门有赤栏将军坟，在蛇门东，陆无水道，故名赤门。然则相王坟即古赤栏将军坟也。黑莫郝之名不知所本，而后世又作桑湛璧，至今织造署中敬奉之，弥失其真矣。余年来自苏至杭必过所谓相王墓者，儿妇辈或举以问，无以应也。今虽得其大略，然究不能定为何人？当更考之。”

清人张紫琳《红兰逸乘·琐载》“吴俗敬鬼神而尚巫觋”条有“论吴中神祠”二则，曰：“吴俗敬鬼神而尚巫觋，故庙宇无不崇焕。署中衙役争为会首，纠众醵钱，假公济私。募缘不足则勒派之。杜撰神诞，又造夫人诞，演剧排宴，以畅其醉饱。惟出于衙役，故一衙奉一神，府县各有城隍，又为三治司；又以都城隍为巡抚，以财帛司为布政，又造阴按察；又以相王为织造。”顾颉刚《苏州史志笔记·神祠》引用了“论吴中神祠”二则，谓吴郡古祠所祀伍相尚父、赤阑将军等，“此皆合于‘有功于民则祀之’之例”。但民间传说无证于史籍，故难考索。封建统治者宣扬传统迷信，谓阴间也有官衙，用神权蛊惑百姓，维护统治秩序，顾颉刚慨叹：“惜乎人民无识，在旧社会中终不能悟其荒唐也。”相王变成织造之香火神，原是一出荒诞剧。

洪武《苏州府志》首次介绍了“赤阑即赤门，相王即伍相”的说法，虽称“姑备录以传疑”，仍被前述类书和苏州府县旧志列为一说，同治《苏州府志·坛庙二》并谓“此说近之”。

按，相有辅佐义。《左传·定公四年》：“昔武王克商，成王定之，选建明德，以藩屏周，故周公相王室，以尹天下，于周为睦。”相又指统辖百官，总领大政，辅弼国君治理国家的人，相当于秦汉之后的丞相、宰相。《荀子·王霸》曰：“相者，论列百官之长，要百事之听，以饰朝廷臣下百事之分，度其功劳，论其庆赏，岁终奉其成功以效于君。”丞相、宰相位高权重，三国魏晋以来封王者曾被称为相王。清赵绍祖《读书偶记》卷六“相王相公公相公王”条曰：

“魏晋以来，宰相封王者称相王。《三国·魏志》裴松之注引《汉晋春秋》曰：‘太尉王祥、司徒何曾、司空荀顗并诣王，顗曰：“相王尊重，今日便当相率而拜。”’谓司马昭也。相王之名始见于此。晋琅琊王（司马——引者）道子为相，车允、王绪、庾楷、刘牢之等，皆称为相王。殷浩欲去位，以避桓温，王彪之曰：‘且当静以待，令相王与手书。’相王谓会稽王昱也。宋殷景仁称司徒彭城王（刘——引者）义康曰：‘相王权重。’《齐废帝纪》：‘高帝为相王，魏司马子如云：“从夏州策杖投相王。”’谓高欢也。唐高祖入关，立代王为帝，高祖为相，进封唐王，故温大雅《创业起居注》下卷中屡称高祖为相王。《旧唐书·屈突通传》亦云：‘通不能尽人臣之节，力屈而至，为本朝之辱，以愧相王。’或者不知，改相王为代王，非也……宋时宰相，封王不称相王，而只称公相也。又有称公王者。《晋书·愍怀太子传》云：‘遍示诸公王，莫有言者。’《通鉴》载其事，胡三省注曰：‘诸公王，公室诸王之为公者。’公相、公王之名可谓异矣。”

伍子胥，本名员，春秋时楚国人。父伍奢为楚国太子太傅，因奸臣谗害，被楚平王所杀。伍子胥只身逃奔吴国，选派勇士专诸刺杀吴王僚，佐阖闾登王位，被封为行人，委以经国重任。周敬王六年（前514），即吴王阖闾元年，伍子胥奉命“相土尝水，象天法地，造筑大城”（《吴越春秋·阖闾内传》），自梅里迁都于苏州。又举荐兵圣孙武为将军，佐阖闾及其子夫差两代吴王“安君治民，兴霸成王”，西破强楚，北威晋齐，南服越人，功勋赫赫。后人尊称其为吴相伍大夫，又称伍公、伍相。邓名世《古今姓氏书辩证》卷二十四“伍相”条曰：“吴相伍员子孙，吴人号之伍相之后。”范仲淹《苏州十咏·伍相庙》云：“胥也应无憾，至哉忠孝门。生能酬楚怨，死可报吴恩。直气海涛在，片心江月存。悠悠当日者，千载只惭魂。”

因吴王夫差听信奸臣谗言，伍子胥“乃自刭死。吴王闻之大怒，乃取子胥尸，盛以鸱夷革，泛之江中。吴人怜之，为立祠于江上”（《史记·伍子胥传》），祭祀不绝。苏州有胥江、胥口、胥山。据明正德《姑苏志·坛庙上》记载，明吴相伍大夫庙，在吴县盘门内，庙貌冕服九章，犹昔王封之旧。春秋二祭，祝文曰：“孝以雪雠，忠以报国，白马素车，威灵赫奕。”庙原在吴县西南三十二里胥山上，即伍子胥死处，俗称胥王庙，自汉以来皆祭子胥于此。南朝宋元嘉三年（426），吴县令谢询将“庙迁入城，人犹于此祀之”。北魏郦道元《水经注》卷三十引东汉应劭《地理风俗记》：“（江都）县有江水祠，俗谓之伍相庙也，子胥但配食耳。岁三祭，与五岳同。”《南史·范缜传》亦载夷陵（今宜昌）有伍相庙。伍子胥还被崇祀为水神、潮神、涛神、江神、湖神、海神。东汉赵晔《吴越春秋·夫差内传》曰：“吴王乃取子胥尸，盛以鸱夷之器……投之江中。子胥因随流扬波，依潮来往，荡激崩岸。”王充《论衡·书虚》亦曰：“传书言：吴王夫差杀伍子胥，煮之于镬，乃以鸱夷橐投之于江。子胥恚恨，驱水为涛，以溺杀人。今时会稽、丹徒大江、钱唐浙江，皆立子胥之庙。盖欲慰其恨心，止其猛涛也。夫言吴王杀子胥投之于江，实也；言其恨恚驱水为涛者，虚也。”袁康《越绝书·德序外传记》曰：“胥死之后，吴王闻以为妖言，甚咎子胥。王使人捐于大江口，勇士执之，乃有遗响。发愤驰腾，气若奔马，威凌万物，归神大海，仿佛之间，音兆常在。后世称述，盖子胥水仙也。”清毛奇龄《水仙五郎》词序曰：“按伍相，杭人亦称伍郎，此‘五’字当是‘伍’字之误。伍相为吴主所杀，煮之于镬，盛之以鸺鹠之衣，而游于江。伍相大恚，乃倪去鸺鹠衣，当潮上时改乘白马，坐于潮头。吴人望而认之曰：‘此伍郎也，今为仙矣。’故纽书曰：伍胥死，吴人呼为水仙……盖水神之称云。”秦瀛《小岘山人诗集》卷十一有诗题作“海宁州城外有伍相国庙，盖公今为海神，州人祀之，以捍海者”。杭州吴山祀伍子胥之忠清庙（英卫公庙），俗称伍庙，自唐立祠祀之。每岁海潮太溢，冲激州城，春秋醮祭，以祈国泰民安。这些虽有迷信色彩，但也确实反映了人们的善恶观念和道德价值取向。因伍子胥显著灵异，享祀极隆。历代统治者屡屡加封。唐封广惠侯、惠应侯，乾宁四年（897）封吴安王。北宋大中祥符五年（1012）加封英烈王，政和六年（1116）加封威显，南宋绍兴三十年（1160）加封忠壮，嘉定十七年（1224）累封忠武英烈威德显圣王，自嘉熙至咸淳间，累封忠武英烈显圣安福王。元大德三年（1299）加封顺佑忠孝威惠显圣王。明洪武四年（1371）改称吴行人伍公之神。清雍正三年（1725）敕封英卫公。民间尊伍子胥为相王虔诚祀之，滥觞于吴越，流布于四方。如明正德《瑞州府志》卷四记高安县“相王庙，在蒋家湖下，祀伍子胥”。清康熙《江西通志》卷一百八亦曰：“相王庙，在高安蒋家湖下，祀伍子胥。”

伍子胥在苏州多所庙祀。前述盘门内明吴相伍大夫庙，原系永昌武大王庙。因吴县令谢询自胥山徙庙入城，“岁久迷其处所。惟城西南隅永昌武大王庙祭享繁盛，自昔相传以为伍公庙”。北宋建中靖国元年（1101）吴伯举知苏州，乃率吏民营缮一新，又以名号未正，奏请赐额“英烈”。元至正十二年（1352）廉访佥事李仲善奉檄筑城，以伍子胥建邦启土，首筑城垣，乃建新庙于胥门之上。入明，于永昌武大王庙址“仍立今庙，以遵宋迹”，列入祀典，春秋祭祀（见嘉靖《吴邑志·境内坛庙祠宇》）。入清，据康熙《吴县志》记载，胥门上伍子胥庙，名忠孝王庙，祀吴相伍大夫，列入祀典。盘门内明吴相伍大夫庙，伍子胥被称为英烈王，右有福顺王陈杲仁庙，历史上即称为双庙，但俗止呼子胥庙。东洞庭杨湾之灵顺宫，今称轩辕宫，唐贞观二年（628）建，亦“祀伍相国子胥”（见《百城烟水》卷一）。而相王庙所祀“相王老爷”，也是建造苏州城的吴相伍大夫伍子胥，忠勇谋国，雄才大略，兴霸成王，威望素著，是具有崇高历史地位的灵魂人物，祭享弥久，当之无愧。

苏州民国园林概览

魏嘉瓒

园林，是人们建造的人居环境，是建筑艺术，是文化。任何一种园林形态的出现和存在，都要受到它所处的历史时代、地域环境和园主身份的制约。

民国是我国社会历史进程中的一个阶段，前后三十八年。1912年，资产阶级民主革命取得胜利，建立了中华民国。这对中国历史来说是天翻地覆的变化，统治中国两千多年的封建帝制瓦解了，新的资产阶级民主共和制度建立了。但资产阶级民主革命实际上并没有取得彻底的胜利，中国依然处于半封建半殖民地的社会状态，长期积贫积弱，社会动乱，民不聊生。拿1948年第二期《旅行杂志》上《虎丘初游》中的话来说，当时社会的状况，就是“世界如此震荡，国家如此纷乱，社会如此颓废，生活不安，心灵烦闷，满眼是不公不正、不干不净的事象，到处是困苦颠沛呻吟于饥寒交迫之下”。三十八年间，西风东渐的势头无法阻挡，资本主义的政治体制和文化思想也一直存在着、生长着，改变着人们的思想，影响着人们的生活，推动着社会的运行。园林作为既有物质性，也有精神性的建筑实体，也在这样的大环境下生存着、发展着。

民国时期的苏州，作为一个中等城市，辖区仅七百平方里左右，行政管辖权很小，这就使它的发展包括园林建设受到很大局限。同时，它的发展和国家的命运休戚相关，受制于国家总的政治、经济、文化等大环境。一方面，它随着整个国家社会的变化而在资本主义的轨道上运行着；另一方面，也依然保存着固有的山水秀丽、物产丰富、文化发达、风土清嘉等有别于其他地方的自然条件和人文基础。从总体上看，三十八年间，苏州在全国还依然保持着富庶、文明的优势和地位。就苏州居民来说，有着固有的人文风雅和浓厚的造园情结，私人造园的风气依然旺盛。同时，历史上遗留下来的私家园林和寺庙园林、祠堂园林等虽然多有破败，但仍有不少得以保存。

因此，民国时期的苏州，依然以园林闻名天下。据拙著《苏州民国园林史》统计，民国时期，在今苏州范围内，共建公园十七处，私家园林一百零二处，宾馆园林等十二处，历史上遗留的私家园林一百八十处，遗留的其他形式的园林四十五处，总共有三百五十六处。这几种形态的园林加起来，有创新，有守成，洋洋大观，多姿多彩，依旧闪亮在中国乃至世界的大地上。因此，民国时期的苏州园林，也同样是苏州园林史乃至中国园林史上不可忽视的一个发展阶段。

一、新的园林形态——公园的出现和建造

公园，即公共园林，在园林学上是与皇家园林、寺庙园林、私家园林并列的一种主要园林形态。它是资本主义社会制度的产物，是资产阶级思想文化理念“自由、平等、博爱”的反映，也是“天下为公”思想的具体体现，这是它区别于其他园林形态的主要标志。

公园这种园林形态，在中国的历史上早见端倪。《尚书》《春秋》《孟子》《史记》等诸多典籍，都有记载。甚至早在欧洲兴建公园的一千五百多年前就出现了“公园”一词，见载于《魏书·任城王云传》。而历史上曾经出现的诸如周文王的苑囿、苏州的虎丘、绍兴的兰亭、长安的曲江池等，也多多少少带有公园的性质，但这只能看作个案和偶然，不能以现代意义上的公园视之。

我国真正意义上的公园，产生于资本主义的欧风美雨袭来之后，具体时间可以上溯到1840年的鸦片战争。它最早出现在西方列强对我国进行军事和文化入侵之后，直言之，它是帝国主义对我国进行侵略的产物。1868年，英国人在上海外滩建造了公花园（今黄埔公园），就构建形式说，它是中国国内第一个真正意义的现代公共园林。自此，中国人自己也开始建造起公园来。除上海外，较早

仿效者有建于1897年的齐齐哈尔龙沙公园，建于1905年的无锡锡金花园，建于1906年的昆山马鞍山公园等。再后，随着民主共和政体的建立，公园建造之风迅速蔓延，北京建了中央公园（今中山公园），南京建了玄武湖公园，广州建了越秀公园，昆明建了翠湖公园，厦门建了中山公园，长沙建了天心公园等。风气一开，此后的公园建造就在全国各地兴盛起来了。

苏州紧邻上海，每得风气之先，造园亦复如此。早在清朝末年，即已有公园之建，一是昆山的马鞍山公园，一是苏州城区的植园。民国期间又先后建了十五处公园。可以这样说，苏州建造公园，在全国中等城市中起步较早，但以后并不兴旺发达，主要原因是受到苏州当时城市地位的影响。

按当年城区和县区情形，简述如下。

苏州城区有三处。一、植园：苏州历史上第一个公园，在今文庙和苏州中学西南隅的植园饭店处，1907年苏州知府何刚德建。二、皇废基公园：在今公园路、民治路、五卅路、草桥弄范围内，1920年始建，1927年落成，初名皇废基公园，曾称城中公园、吴县中山公园，苏州公园这个名字是新中国成立之后命名的，苏州市民俗称"大公园"，以与北局小公园相区别。三、北局小公园：在北局，今人民商场东之广场上，1931年建。

吴江县（今吴江区）有五处。一、目澜洲公园：在盛泽镇，1929年盛泽区公所利用历史遗迹而建。二、西津小公园：在同里镇，1929年同里区西津镇公所将仁济道观（南观）后面的小园进行修葺，略具园林规模。三、吴江公园：在松陵镇，1934年建。四、同里公园：在同里镇，1935年秋建于北郊水安桥与北观之间的新街上。五、震泽公园：在震泽镇，1936年建于"震泽八景"之一的"虹桥晚眺"旧址。

昆山县（今昆山市）有三处。一、马鞍山公园：在玉山镇，1906年将马鞍山之阳辟为公园，初名马鞍山树艺公司，后易名马鞍山公园。二、半茧园：在玉山镇，本是明昆山叶氏始建的私家园林，民国后辟为公园，1925年园中建广仁医院，从此公园、医院并存，在今昆山第一人民医院址，园景几无。三、巴城公园：在巴城镇，1933年以明人周禧墓为中心建造。

太仓县（今太仓市）有三处。一、游息山庄：在城厢镇，1911年建。二、玄武池：在璜泾镇，1930年以池面十亩的玄武池为中心辟建。三、艺芳园：在浏河镇，1920年吴仲裔建于北街市梢之东、土山之南。

常熟县（今常熟市）有三处。一、虞山公园：在虞山镇，民国初年创建于虞山东南麓明嘉靖进士严讷一角园，植树造林，称虞山树艺园；继之增建，称逍遥游；1925年改名虞山公园，日占时期曾改称伊佐公园。二、常熟公园：在虞山镇，1931年建于北门大街，俗称“新公园”。三、何市公园：在何市镇，1926年建，抗日战争胜利后扩建为小学校舍。

另外，民国期间还曾规划在金鸡湖、独墅湖之间狭长二里的半岛建公园，在城南、运河畔建澹台湖公园，在城西南建太湖国立公园，但都未建成。

从以上所述十七处公园来看，对民国期间苏州的公园可做以下解读。

第一，基本上适应社会的需求，但算不上兴旺发达。

作为一个中等城市，苏州公园的建造起步较早，马鞍山公园、植园都建于民国之前。论数量，也较他地为多，除了每个县的县治所在地必有一二处外，有几个集镇也建有公园，这是走在时代前列的。就公园类型说，多数是综合性公园，也有植园这样的专属类公园。一般说来，当时只有大城市才有可能建专属类公园。苏州的公园都建于抗日战争全面爆发之前，原因很简单，日军全面侵华后，经济受到破坏，生活不得安宁，哪还有实力和精力去建公园呢。继之四年国内战争，战乱频仍，当时政府同样无力也无心去建造公园。

就苏州城区来说，当时公园之建，对于只有二十七万的人口来说，大体是适应的。问题是，民国时期只有三个公园，而且植园还是清末所建，综合性的功能也比较差。北局小公园，仅是到观前街临时歇脚的绿地，而且也过早失去了公园面貌。真正的公园，只有皇废基公园而已。因此，从园林发展史的角度看，民国苏州城区公园的建造，实在说不上兴盛，如果和历史上辉煌的私家园林相比，公园这一新的园林形态更显得缺少光彩。

第二，凡是公园所有的属性和特点，苏州的公园全部具备。

（一）公众性，这是公园的本质属性。即如皇废基公园来看，它是一处综合性公园，近百年来一直是苏州市民休闲娱乐的中心，至今甚至成了苏州游子思乡记忆中一个地标性的公共设施。

（二）游乐性，即公众游玩的去处，这是公园服务功能的本质所在。因此，公园的风景要美，要有山可登，有水可游，有花木可赏，有亭台楼阁，设茶社、棋室以供品茗对弈、谈文论艺。即以皇废基公园为例，它就是具备各种条件和设施，集生活休闲、文化娱乐、体育锻炼于一体。

（三）面积较大，因公园面向公众，人流量大，所以面积必须大。如植园二百十四亩，皇废基公园八十亩，吴江公园二十八亩，马鞍山公园四十亩，逍遥游和常熟公园皆数十亩。有的公园虽在集镇，面积也很大，如震泽公园六十亩，目澜洲公园、巴城公园也都有数十亩。

（四）公园特别注重绿化。尤其是乔木的种植。公园面积大，主要不是用于建筑，而是用于绿化。学者统计显示，与古代私家园林相比，公园的建筑面积少掉百分之十八，而绿化面积高出百分之三十四。在绿化中，重视引种国外的观赏植物，如雪松、广玉兰、日本樱花、罗汉松、夹竹桃、日本五针松、西洋杜鹃、杂交月季、天鹅绒草等。

（五）公园都有相当的文化氛围。与其他园林形态一样，公园是一种艺术，一种文化，如果没有文化内涵就变成纯粹的自然景观。苏州公园的文化内涵十分浓郁，如皇废基公园有图书馆、电影院，成立了艺社，举办国学讲座，东斋为名流吟诗作画之处，曾编有《东斋酬唱集》，俨然是苏州的文化沙龙所在。常熟的逍遥游，文化色彩同样突出，画家吴昌硕、金石家赵古泥常来此休憩，并留下许多墨宝，“鸳鸯蝴蝶派”作家吴双热还编印了《逍遥游公园日报》。

第三，苏州的公园多数具有明显的地方特色。

（一）一般由当地知名人士倡议建造。苏州十七处公园几乎都有这样的过程，即建园之前先由一些当地知名人士呼吁，反映民众意愿，要求建造公园，然后由政府实施建造，也有的由民间集资或私人出资建造。如皇废基公园的建造，首先就是由张一麐倡议，得到蒋炳章、汪仲周、潘振霄等近百人响应，又得到上海颜料巨商奚萼铭后人的捐资赞助，乃得以动工。其他公园也是如此，马鞍山公园由方还倡议并集资建造，巴城公园由里人汪正本、张国权动议建造，游憩山庄由里人陆佐霖、陈大衡、李液丰设计建造，常熟公园由蒋凤梧发起建造，目澜洲公园由盛泽区公所助理徐少方提议建造。这是先进知识分子在社会变革之际先知先觉的表现，也是民众现代共和、民主意识觉醒的表现。

（二）一般是在原有自然景观或人文景观基础上建造起来的，这是欧美早期公园的一个显著特点，苏州在这方面尤为突出。如皇废基公园建于唐宋元历代郡圃遗址，游憩山庄建于具有一千多年历史的妙莲庵、海宁寺遗址，马鞍山公园建于风光秀美的马鞍山前，逍遥游和常熟公园都以虞山为背景，吴江公园建于旧时“松陵八景”之一的七阳山，目澜洲公园建于千年古刹圆照庵遗址。

（三）公园建造的模式，一般都是西方公园建造理念和我国传统造园方法的有机结合。西方造园理念，本来和我国传统有很大不同，而公园又是发轫于西方的，从内涵到方法都是全新的园林形态。但是新式的公园一经传入，很快就为国人仿效构建，也迅速和中国的造园理念相融合，从而成为中西合璧的产物。民国时期苏州的公园，就是既有西方公园的特点，更有山水园林造园手法的经典体现，如叠山理水、亭台楼阁的构建和植物的配置，仍然吸取江南古典园林的传统手法。当然也较多地运用欧美公园的构建方法，如较大面积的草坪，几何形的水池，规整的花坛，修剪成各种造型的花木，人物塑像，水池喷泉等。以皇废基公园为例，它就是典型的中西合璧。从园景看，南部的中央花坛、塑像、喷泉等景观组合是法国模式，而北部的水池曲桥、高冈茂林则是典型的传统园林模式，这一南一北，一西一中，中间则以池水和土山相勾连和渗透，过渡自然，浑然一体。就建筑看，同样有中有西，中西结合。图书馆是完全的西式建筑，而东斋、西亭等则是地道的江南风貌。其他如马鞍山公园、逍遥游、常熟公园、目澜洲公园、震泽公园等的建筑风格，也大致如此。因此，游览苏州各公园，既可得游乐享受，也会进入古典园林的意境。

二、新的私家园林的建造

私家园林的建造，始于封建社会，并且是封建社会造园的主体。苏州之有私园，不晚于两晋，至明清达到巅峰，为后世留下“甲天下”的苏州园林。至晚清，随着封建社会的衰落和整个社会的变迁，私家园林的建造开始走向衰微。

进入民国，从全国来看，私家园林的建造已是强弩之末，不仅数量减少，艺术形式也已发生变化。其审美价值和明清园林相比已大为逊色。此时苏州的私园建造和全国并不完全一样，可就造园数量和元明清时期做个比较。据不完全统计，元代九十八年间，造园三十七处；明代二百七十七年间，造园二百六十一处；清代二百六十八年间，造园二百二十八处；民国三十八年间，城区新建私园一百零二处，可见民国时期苏州私园建造的速度，并不比封建王朝时缓慢。但宋元明清时的名园很多，留存至今的私园有沧浪亭（清代为官府园林）、狮子林、留园、艺圃、五峰园、网师园、环秀山庄、耦园、怡园、退思园、燕园等，有的是世界物质文化遗产，有的是全国重点文物保护单位，其艺术价值之高不言而喻。而民国新建私园虽自有艺术个性，但两相比较，艺术质量显然有高下之分。究其原因，主要和社会变化有关。随着资本主义的发展，商业市场的繁华兴盛，城市人口的增加，高楼大厦的建造，马路的拓宽，等等，城市变得寸土寸金，再想有“旷若郊墅”那样的地方来建拙政园已不可能。螺蛳壳里做道场，不管怎么说都是有局限的。因此，要建园林，一般说来也只能在宅前屋后建造略具园景的庭园。从造园者的主观条件来说，明清时期，苏州文化发达，人文荟萃，学优而仕者众多。这些做了官的文人，“三年清知府，十万雪花银”，即使是七品芝麻官，也有经济实力来造园；再则，文人自有文人的雅兴，或在住宅之旁，或另择隙地，造个园子，有山有水有花木，闲时携妻子儿女，或邀三两知已，在园中优哉游哉，其乐何如！而到了现代社会，工业发达，商业兴盛，车水马龙，犬马声色，唱歌、跳舞、跑马、看电影……生活的节奏加快了，享乐的内涵丰富了，但旧时文人的闲情逸致却减少了。现代人的生活情趣和追求，与古人有了很大差别，造园已不是最时尚的生活方式。就是在这样的时代背景下，苏州私园的建造，就不可能再现明清时期的辉煌。

但随着资本主义的发展，与封建社会相比较，生产力得到了新的解放，社会总体财富比过去有所增加，富裕的工商业者、官宦人家、读书人以及各行各业有造园资本的人也并不算少；作为“文物之邦”的苏州，文风之盛依然如故；再加苏州人骨子里的造园情结。因此民国时期苏州的造园之风依旧兴盛，以至还出现平均造园速度超过历朝历代的情况，依然呈现着“遍布大街小巷，凿一池，架一山，中筑一二小亭的庭院，更不可胜记”的园林景象。

据粗略统计，民国年间新建的符合园林条件的私家宅园，在苏州城区就有一百零二处。兹记名于下：松风馆、王子颂宅园、灌木楼、金家花园、朱熙宅园、向庐（邻雅小筑）、吴姓宅园、大树堂、茧庐、小仓别墅、吴家花园、邹樑臣宅园、务本堂、阙园（曲石精庐）、阙茔村舍、凤池精舍、通德堂、陆廉夫宅园、志仁里阙姓建筑群花园、紫兰小筑、濂溪别墅、蒋园、苏雪林宅园、乔荫别墅、艺园、丽夕阁、中央花园、马倬云宅园、罗园、婆罗花馆、张家瑞宅园、王怀玉宅园、墨园、韬园、舒家宅园、鹤鸣堂、蒋仲川宅园、徐景韩宅园、聿来堂、寄庵、吴楠甫宅园、苇园、葑园、诵芬堂、之园、新德堂、双树草堂、未厌居、费公行宅园、补云小筑、鱼海岑宅园、谢莘如别墅、沈京似宅园、梧村、洁园、姜宅花园、兰石小筑、伍园、鲟庐、万嵩源宅园、翕园（张家花园）、郭家花园、余宅花园、陶宅花园、范氏庭园、握瑜、严斯寿花园、潘氏花园、三多巷12号花园、严衙前48号宅园、鲁家花园、田夏霖宅园、拙园、吴颂皋园居、王宅花园、荡琴别墅、郑逸梅宅园、陈姓杨姓宅园、西津别墅、葛氏宅园、冯姓张姓宅园、蒋宅花园、沈辉宅园、顾宅花园、潘宅花园、茅宅花园、陆宅花园、宋氏宅园、史家巷32号宅园、陈姓宅园、孔姓宅园、许姓宅园、李仲公宅园、顾祝同宅园、卫道观前27号宅园、潘慎明宅园、刘家花园、左姓宅园、西大园江宅花园、朴园、天香小筑、雷氏别墅等。此外，近郊石湖有渔庄，木渎有古松园，东山有春在楼、启园等。

综观民国时期苏州新建的私园，有以下几个特点。

（一）造园者：工商业者、官宦、文人鼎足而三。

一户人家要建造一个花园，得具备许多主客观条件，最起码的一条就是得有一定的经济实力，因为没有钱任何事情都不能办。民国时期，有条件建造园林的主要有三种人，即工商业者、官宦、文人，城里普通的工人和市民是没有条件造园的。随着资本主义的发生、发展，资产阶级成为最有钱的社会阶层，他们理所当然地成为造园的主体之一。民国年间，苏州城区私园的主人就约有三分之一是工商界人士，就其私园的规模和艺术水准来看，多数属于出类拔萃者，如上海金融业巨头席启荪的天香小筑和启园，上海棉纱业巨头金锡之的春在楼，上海蛋商汪某的朴园，出版业巨子阙念乔的乔荫别墅，雷允上药业主的雷氏别墅，商界巨子杨定甫的之园，蜜饯商人张醉樵的翕园，某工商业者的荡琴别墅等。民国时期文人在苏州造园亦多，如叶恭绰的凤池精舍，程小青的茧庐，范烟桥的向庐，周瘦鹃的紫兰小筑，蒋炳章的蒋园，金天羽的韬园，汪东的寄庵，章太炎的双树草堂，吴似兰的葑园，余觉的渔庄，以及陈衍、郭彬卿的宅园等。园主是官宦的，则有汪甘卿的晦园，李根源的阙园，蒋氏的丽夕阁，顾祝同的墨园，罗訔子的罗园等。

工商业者、文人、官宦这三个不同的阶层，物质财富不同，兴趣爱好不同，反映在他们各自建造的私家宅园的各个方面也自然会有差异。

（二）普遍的结构模式是中西合璧，即西式洋房加中式花园，俗称“花园洋房”。

工商界人士的私园多是中西合璧的格局，即建筑为西式，花园为苏式。如人称“江南第一楼”的春在楼，除了采用传统的三合院、四合院格局外，在许多地方运用了西方文艺复兴时期的建筑理念和艺术手法，如基督教建筑文化的十字标号扶梯手栏杆、希腊新式雕花檐柱、西式的水泥晒台和阳台，并普遍采用彩色玻璃、铁铸栏杆、西式壁橱、弹子锁、洋式门等，花园在楼北，面积虽小，但很精致巧妙。春在楼体现了园林建筑的时代精神，属民国早期江南民居的佳作。荫庐的建筑，仿欧洲文艺复兴时期罗马式建筑风格，花园里有荷花池、曲桥，池周环以假山涵洞，山顶凉亭与池畔石舫相映，花园里还有自流井和喷水池。雷氏别墅的东部是西式花园洋房，西部为中式古典庭园。余开嘉宅园也是西式楼房配中式庭园的中西式结合建筑，楼为三层八角形，楼顶有西式风格的围栏，有一座体量较大的湖石假山及水池等。天香小筑以苏州传统第宅园林的结构为基调，吸收西方建筑风格，是典型的中西结合的宅园，其住宅具有鲜明的中西合璧特色，装修兼用琉璃瓦顶、彩色玻璃、花纹地砖与传统的砖细洞门、花窗、挂落、地罩等，花园在住宅之东，小巧自然，以土山为主，绕以狭长水池，水池四周布列曲廊、花径、湖石，山顶筑亭，又散列太湖石峰，园中植梧桐、广玉兰等，花木葱茏。启园基本上按苏州山水风景园林的风格建造，但其中也有西式楼房。

官宦之园，如蒋纬国曾居住的丽夕阁，主体建筑是一座豪华的花园洋房，而花园整体布局则是苏州园林风格，以丽夕阁为中心，周围有荷花池、假山、琉璃瓦亭子，遍植桃、李、杏、梅等花卉树木。顾祝同的墨园，主体建筑是一幢中西合璧的两层楼房，楼后开凿自流井、建造水塔，宅旁设淋浴房，马赛克铺地，有长廊、小桥、琴室、湖石、花坛，以荷花池为中心，栽柳养鱼，遍植白玉兰、紫玉兰、龙柏等，满园鸟语花香。吴忠信的吴家花园，主体建筑为西式楼房，花园则是完全的中式，有湖石假山、池塘，水边构亭，园中杂植各种花木，也是一处典型的中西合璧的园林。律师邹某的宅园，一幢砖木混合建筑罗马式洋房与中式花园相结合。今阊门饭店内的谢氏别墅，建筑也是一幢砖木混合结构的两层西式楼房，花园以草坪为主，中间植四株雪松，周围植花卉树木，以漏窗围墙护卫。

文人所建的私园，似乎传统的东西更多一些。如叶恭绰的凤池精舍，楼堂精致，有亭榭水池，梅花盆栽尤盛。范烟桥的向庐，假山数垛，有水池，长年不涸，而梧桐、腊梅、天竹、桃、杏等点缀有致。程小青的茧庐，完全是苏州庭园风格，雅致小巧。金松岑的韬园，有亭翼然，假山峦嶂壑谷，遍植花卉绿竹。潘姓的壶园，是比较雅致的一处小园林，园在宅西，以水池为中心，池上架两座小桥，池周散置石峰，池东构廊，中部筑六角半亭，间植海棠、白皮松、天竹等。这些几乎都是古代私家园林风貌的再现，况且像凤池精舍、向庐等，本身就是从前代园林的基础上脱胎演变而来。这样的园林，在具体的造园手法上西方的特点并不明显，如很少有西方园林多见的草坪；园中道路依然以曲径通幽为主，不像西方园林那样笔直规整；水池形状多不规则，不似西方园林那样方方正正；花木虽有修剪，但基本上顺其自然而造型，不似西方园林多硬把花木修理成几何形状。

但在造园的具体实践中，就是所谓中西合璧，其中式和西式风格不同的造园手法，也并不是完全泾渭分明，而是双向渗透，相互影响。必须强调说明，就花园部分的景观和风格来看，展现出来的主要还是传统造园风貌。再如汪新斋的朴园，虽有西式小楼，有玻璃瓦仿古建造的四面厅，但总体上还是传统的造园布局，以山水为主景。周瘦鹃的紫兰小筑，以中式建筑为主，而主厅爱莲堂却是西式洋房。这说明，苏州的优秀造园传统永远会为人们所继承，而当时的资本主义文化思想也必然会浸染着每一个人、每一种艺术。因此，中西合璧而造园，又不失传统风貌，正是民国苏州私家园林时代特点的正常体现。

对于这种私园，有人写诗状其景："中式园亭西式楼，古香犹自逐潮流。洋房拔地耸天立，也有丹青挂上头。"倒也十分贴切。

（三）由于主客观原因的局限，民国苏州私园一般面积较小，许多园林的园景比较简素，美学价值逊于古代私园。

民国苏州私园的面积大小，多数不见史志记载。仅据现有资料看，最大是五六十亩的翕园，其次是二十亩的罗家花园，但在偌大的土地面积上，却没有用来构建完备的园林景观。面积十亩以上的还有晦园、墨园、朴园、启园，其余多是二三亩、三五亩，甚至仅有一分多地、二三分地的也不在少数。究其原因，除了可能有历史上的苏州园林一向尚小的传统因素之外，主要还是和城市的发展、人口的增多、商业的繁荣等使得用地紧张有关。

如果按照园林的叠山、理水、花木、建筑的四个要素来要求，民国期间苏州的不少私园都比较简易，有的甚至只能说略具园景、栽些花木而已。如程小青的茧庐，主要是栽植花木；汪东的寄庵，有红绿梅数株，假山石是靠掘地而得；蒋炳章的蒋园，以桃树繁盛闻名苏城；张家瑞宅园，主要就是竹林、桃林和两块草坪；罗訾子的罗家花园，虽然占地二十多亩，屋宇仅占几分地，其余地面也只是种植花木，桃树尤多；陈衍的小园，杂种奇花异卉，竹树尤多；伍百谷的伍园，以种菊为特色；李鄂楼的鲟庐，以千竿绿竹傲人；周瘦鹃的紫兰小筑，主要还是以盆景花木取胜。周瘦鹃自己说："老实说，我这个园子，不同于苏州市那些古色古香的旧园林，一切的一切，都是不移条件的，不过有一些野趣和山林气罢了。"其他如章太炎的双树草堂、李根源的阙园、吴似兰的葑园等，都属于这一类。张醉樵的翕园，虽然占地五六十亩，也主要是种植几千株果木，尤以梅树为多，因为主人是蜜饯商，他要用梅子来制作蜜饯。审视一下这些园主的身份，以文人居多，因民国时期学优而不仕的文人们，没有那么多钱大兴土木去造园，因此这些园林的美学价值也就大为减色了。

（四）具体园林景观，多有亮色。

民国苏州私园，与前代园林相比，虽其审美价值有所逊色，但依然有诸多闪光点，依然为其他地方的园林所弗如。艺术水准较高的，如天香小筑、春在楼、朴园、渔庄、启园、紫兰小筑等，可以相信，这些园林，再经过若干年的历史文化积淀，有的也一定能够成为历史名园。

不仅如此，民国新建私园中，不管是从时代精神的体现来看，还是从造园传统手法的继承来看，也有许多精彩之笔，闪耀着现代私家园林的艺术光辉。

建筑，是园林的重要组成部分。如春在楼是苏州香山匠人运用传统建筑手法、吸收西方建筑理念而建造的佳作，这一作品必定会载入我国现代园林建造的史册。再如天香小筑的“回”字形格局中西合璧的楼房，余开嘉花园的三层八角形洋楼等，都是极为精美又极富时代特征的建筑，在苏州园林历史上是从未出现过的。

廊，是园林不可或缺的建筑样式。苏州园林建廊，历史悠久，最早就是吴越春秋时期灵岩山馆娃宫里的响屧廊，而拙政园的廊桥小飞虹和水廊，留园的爬山廊，沧浪亭的复廊，则是古代园林中著名的廊。复廊并不多见，沧浪亭北临水复廊的花窗，将园内山林景色和园外池水互相渗透，从而拓展了园景。启园的复廊，则是苏州民国私园中唯一的，它是园中一处精美而又重要的景点建筑，将原有建筑和新建部分区分开，又使之浑然一体，透过花窗，两面景观既历历在目又朦朦胧胧，给人以移步换景的美感。这条复廊的建造，虽然不无借鉴，但出现在现代私家园林中，弥足珍贵。

园之叠山，亦有精品。如乔荫别墅的山石，张荣培《乔荫别墅记》说：“虽方诸元之倪元镇、清之戈裕良殆不相让，谓非胸罗丘壑以人巧而夺天工者乎？”紫兰小筑的假山也值得点赞，这座假山是蠡口叠山家钟敬士的手笔，他以太湖东山和西山的旧太湖石堆成这座一丈高的假山，又用雨水积井造成人工瀑布，旁边开凿水池，形成山因水活、水随山转的意境。

栽植花木，是造园的四大要素之一。苏州古典私家名园不仅满园花木蓊郁，而且许多私园还有自己的花木特色，如拙政园的荷，沧浪亭的竹，留园的白皮松等。民国苏州的私家园林有几处也都是专以花木为特色，如蒋炳章、罗喾子的园子主要种植桃树，翕园主要种植梅树，伍园主要种植菊花，花开之日，这些园林都吸引城中士女前往赏花。紫兰小筑更有特色，周瘦鹃就曾说它是“花天花地”，“分明是花木的家宅”，尤其是主人擅制盆景，盆景就成了园子的主要景观，以至紫兰小筑就以盆景而著名。

依山傍水而建的启园、渔庄十分珍贵。早在园林肇始时期，苏州西南濒临太湖的山水之间就是造园的首选之地，而历史上出现过的名园，如姑苏台、馆娃宫、石湖别墅、耕渔轩、集贤圃、依绿园、灵岩山馆等，至今有的荡然无存，有的稍留痕迹。启园和渔庄的出现，弥补了这类园林无存的缺憾。从地理位置上看，启园和渔庄极具艺术特色，在湖山空阔的天地里建起斗方幽居，达到了柳宗元《永州龙兴寺东丘记》所说的“游之适……旷如也，奥如也”的效果。生活于斯园，入之奥，出之旷，可以杖藜过桥，可以独钓寒江。这样的私家园林不是在山清水秀的锦绣江南是难以见到的。

从园名来看，民国苏州私园，也完全继承了唐宋以来以园林名字抒发心志的写意手法，都是有内涵、有深度、体现园主思想的园名。如金松岑的韬园、程小青的茧庐、范烟桥的邻雅、金锡之的春在楼、李根源的曲石精庐、周瘦鹃的紫兰小筑、席启荪的天香小筑等，都各有寄托，蕴藉而雅致，同样也是对苏州园林传统的继承。

计成《园冶·借景》说：“构园无格，借景有因。”借景是造园的重要手段，也是苏州造园的优良传统。如周瘦鹃紫兰小筑的土山上，建有一座六角亭，从亭上可远望北面的双塔，此亦可谓紫兰小筑的精彩之笔。朴园之东北角距高墙半米处叠湖石假山，山峰高者可与墙齐。居山顶，园外之护城河、东之北寺塔、西之桃花坞皆可一览无余。此一借景手法与清末补园的两宜亭有异曲同工之妙，诚如童寯《江南园林志·造园》所说：“斯非借景，真可谓劫景矣。”居高望远，纳远方烟景于眼底，历来是借景的一种方法，历史上苏州城内的许多园林都可眺望太湖山水，形成小园林、大世界的格局，堪称造园一绝。启园的镜湖厅亦有同样的借景效果，登上二楼，凭栏望远，三万六千顷太湖烟波揽入胸怀，胸襟一放豁双眸，美哉，妙哉！

园之障景手法，民国私园中则以朴园为妙。走过洞门，一石峰当前，把园中胜景遮拦无余，意在不让园内景色外显，也不许园外尘嚣入内。左侧绕进，园景方才扑面而来。曲径通幽、移步换景的妙处在苏州古代园林中随处可见，民国私园则以渔庄、朴园为胜。至于仄径蜿蜒、山水相得、廊腰缦回者则以天香小筑为上乘。

民国苏州新建的私家园林，对于封建社会的私园而言，是为余绪，造园艺术，多有不逮，然时代特点也极为明显。这是时代发展使然，园林内部规律的演变使然。但这些私园是苏州园林一个时代的记录，假以时日，百年千年之后，当它们由“现代园林”变成“古代园林”的时候，它们的历史价值和艺术价值，当和今天不可同日而语，其中有与沧浪亭、狮子林、拙政园、留园、网师园并美者，亦未可知。

三、古代遗存私家园林的生存状况

民国期间，苏州范围内尚存历代园林二百多处，其中大多数经清同治、光绪间改建，保存下来的主要是晚清的面貌。当时它们或基本完整，或部分残存，或毁废严重，情况差别很大。大致是凡园史越久远者，则与原园相类处越少；而建造时间愈晚者，则存世者愈多，而且保留也愈完整。清末所建之园，更有相当数量的园主人直接进入了民国。因为其时已经西风东渐，资本主义的理念已渐渐深入人心，遗存园林的修建、改建也开始融进许多西式内涵。

认真解读这些历史遗存下来的私家园林，它们的具体生存状况，有以下几个特点。

（一）当时园主身份不同，保护程度不同，变化大小也不一样，但总体上保存了苏州园林的传统风貌。

童寯《江南园林志·现状》说：“盖咸、同之际，吴中诸园，多遭兵火，今所见者，率皆重构。”这是说延续到民国年间的苏州园林，多数都是在平定太平军战乱后重新修建的。虽然各个园林都保留了它们初建时的一些风貌，但总体上都具有晚清时重建的特点。从同治二年（1863）到中华民国建立的1912年，又过去四十九年，这近半个世纪就历史分期来说，仍属清代，对其园主更替，园景变化，我们无须论述。但延续到中华民国的三十八年间，总体来看，园主更替并不太频繁。据初步统计，其间一百八十处私家园林，曾先后为二百多位私人和四十多家单位所居有，有的还曾被日军侵占。这些园林的主人，大致也是工商业者、官宦、知识阶层三种类型，而工商业者稍多。其中建于晚清的园林，入民国后，有不少仍为始建者或其后裔所居住。这些不同身份的人，对自家园林的维护情况也不完全一样。

保护较好的原园主后裔，以官宦人家和知识分子家庭居多。这些继承先祖遗园的后裔们，一般都努力呵护着祖先留下来的家园，维护着它们固有的风貌特点。如明万历间范允临的天平山庄，晚明严公奕的东山曲溪，清道光间韩崶的华阳新筑，道光间严氏的敬彝堂，咸丰间陆同善的北半园，同治间史伟堂的南半园，同治间柴安圃的柴园，同治间汪凤池宅园，光绪间俞樾的曲园，光绪间顾文彬的怡园，光绪间邢成德的花驳岸宅园，清末吴待秋的残粒园等，都是子孙一直居住其中。有的如华阳新筑、敬彝堂、残粒园、真如小筑、寄庵等直到新中国成立后，甚至至今仍由其后人居住。这些园林，除极个别的局部有所变化，一般都原貌依然，变化较小。

官宦人家的后裔和知识阶层人士的园林，多数也较好地维持了原貌。鉴于民国之际，建筑的材料、技术都有了新的进步，这些“新”的内容，必然也会用到园林的修建上，但总体上看，并未造成园林大的改观。如张氏补园的卅六鸳鸯馆及旁边的桥栏等，都用了当时时髦的彩色玻璃和铸铁件……但都只是零星地进行改建，并没有进行面目全非的改变，在观感上也没太多造成人们的不适应甚至反感，纵然偶有不和谐，但也无伤大雅。因为情况各异，还要做具体分析。再如，初为明代建筑的宝树园（顾颉刚故居），延至民国，南部为老宅，依然是传统风貌，北部建筑则为现代风格，南北各成院落，也各有审美价值。始于嘉庆间的庞莱臣宅园，西宅东园格局，花园布局和景点设置悉依传统手法，而却在园中建青石洋楼一幢，就显得不够协调。汪氏寄庵，其前身始于同治年间，学者汪东居此之后，花园依旧中式，而主体建筑改成面阔三间的西式洋房，就显得轻重失调。常熟曾园，基础是明代钱岱的小辋川。清光绪间曾之撰得其一部，构为虚霩园。民国之际，曾之撰之子曾朴由沪回里定居于此，建成朴庐。朴庐则完全按上海常见的公馆洋房的样式建造，红砖墙，石库门，进门小天井，五开间两层楼，两侧为厢房。花园也很西式，水泥地上摆着各式花坛，石库门两侧各有一株构骨树，中间是一个圆形大花坛，种着各种西方名品月季花。最南一排有两座床式花窖，上盖玻璃顶棚，里面种的都是紫罗兰等西洋花草。两侧高高的白色花架上柔条垂披，也都是西洋花木。童寯《江南园林志·现状》说曾园“近已有西式住宅夹杂其间”，似乎颇有微词。但总体来看，曾园并未失去中国自然山水园的特色。全园以水池为中心，池中有岛，岛上筑台，台上有阁，池上有九曲石桥。池东为假山，巉岩洞深，古树参天。池西桑畦梅陌，一派田园风光。池西南是回廊间隔成的院落，东半部是园中园，中有溪桥亭台、楼阁廊榭。因此，尽管曾园有西式建筑、西式花坛等，变化不可谓不大，但终未改变其江南园林的风情特点。这些园林所显现出来的，主要还是“传统”，而不是“现代”。

历史上遗留下来的园林，面貌改变较大的，主要有两种情况。

一种情况是，与时俱进，修建时主动融进西方的造园手法和因素。

这些园主较多的是工商业者，都属当时的富有阶层。如天官坊陆宅主人陆兆鹏是上海钱庄典当业老板，笑园主人陆孟达是苏州巨商，眉寿堂（叶天士故居）归天津银行家倪远甫，钮家巷方姓宅园主人是米行老板，蔡汇河头潘根先宅园主人是绎丝商人，双塔影园抗日战争前曾归吴县商会会长程幹卿，西圃（潘遵祁故居）民国早年归吴姓资本家，东北街金鼐定宅园主人是苏经厂股东，潘氏养心园民国时归田姓米行老板，等等。这些园主，可能会有新的造园理念，希望使用新的造园材料，来满足他们生活的需求，并显示身份。较为突出的例子是荫庐，这是红叶造纸厂老板叶荫三在清初慕家花园基础上改建的花园别墅，其主体建筑仿欧洲文艺复兴时期罗马式风格，门前廊柱为高大挺拔的罗马式圆柱，花园虽为中式，但也引入西方的造园手法，如有自流井和喷水池等。它不再是纯粹的粉墙黛瓦、飞檐翘角的中式建筑和自然风景园结合的布局，而是中西合璧。但总体上看仍能做到浑然一体，整个园林并没失去园林艺术的美感，只是与传统的韵味略有不同而已。

这种用新的理念、样式与材料、技法改造历史上遗留下来的园林，有成功者，也有败笔者。最不成功的例子要数沧浪亭于1932年增建的罗马大楼。当年建这座孤零零的欧式大楼，诚然是为了苏州美术专科学校的实际需要，但却忽略了它是建在传统的园林之内，顾此失彼，实实在在地给沧浪亭破了相。但八十九年过去，人们倒也见怪不怪，习以为常，甚至这幢罗马大楼也快要成为珍贵的文物了。今天，我们大可不必再去苛责，因为历史的发展，总是以宽容为好。

再一种情况是，园主人根据自己的实际需要、审美情趣以及财力情况有意识地对原有园貌做了较大改变。

这种情况的代表首推狮子林，园主贝润生当时是上海巨富，有雄厚的物质基础，他要在故里建祠堂、建学校，有明确的造园目的。基于这些原因，他对历元明清三朝延续下来的狮子林，做了伤筋动骨的改建，不仅东祠西园的总体布局与原来前寺后园的格局大相径庭，就是西部花园也增建、改建很多，扩大了水池，建了湖心亭、荷花厅，置狮形石。即使始建园时的大假山，在贝氏手中也增加了九狮峰、暗道，洞中凿了鱼池，又沿西墙堆假山，上设人工瀑布，西南角建扇亭，西北角建石舫等，诚如贝润生自己在《重修狮子林记》中所说："若堂，若庑，若楼台馆阁，以至亭榭池沼，凡今所布置者，皆随地点缀而已，不足数也。"童寯《江南园林志·现状》也说："除大部假山外，殆皆新建。不特证之倪图，景物全非，即徐贲图中，亦仅一二相似而已。……惜屋宇金碧，失之工整。"同时，如荷花厅、平台及屋顶都用了水泥、彩色玻璃等新材料。一言以蔽之，许多景点都是新建，和原来相比，改观极大。但这种新建只是具体内涵的变化，在风格上依然是传统自然山水园林的意蕴，这应该与具体主持设计的刘临川有关。

纵观前朝遗存的诸多私家园林，虽然有的融进了时代的元素，主体建筑是西式洋楼，有的在景点上也有增增减减，园貌小有改易，这都在所难免，但这些新改造成的花园洋房，终未改变传统园貌的大局。主体花园依然保存着传统的叠山理水、花木栽植、亭台楼阁建筑的自然山水园林风貌，它们依然具有"小巧、幽曲、含蓄、精雅"的苏州园林特点，为江南烟景增色。究其原因，是苏州古典园林太美，这种美已定格在历史上，也定格在苏州人的心底。作为生活在历史文化名城的苏州子民，他们有根深蒂固、永生永世难变的园林审美观。他们爱自己的老祖宗所创造的如此风格的园林，他们珍惜老祖宗留下的这份遗产。

（二）社会动荡，战事频仍，每被机关、学校、军队占用，园林受到损坏；日军入侵，破坏尤为严重。

民国时期，有些园林较前衰败的一个重要原因是每每不再为私人所有，而是屡为机关、学校、军队占用，尤其是沦陷时期，破坏严重。

如沧浪亭，民国初年借设修志局，北伐前后曾几度驻军，后则长期为苏州美专使用，日伪时期被日军占有，至1948年，已是一座废园，残碑断墙，衰草满地，竹林半枯，满目颓败荒芜景象。拙政园，辛亥后为会馆、乐场、医院、戒烟所等，沦陷时期为伪省政府，抗日战争胜利后被借作国立社会教育学院。童寯《江南园林志·现状》说："数十年来，并未新修，故坠瓦颓垣，榛蒿败叶，非复昔日之盛矣。"惠荫园，进入民国，改作游艺场并多年开办学校，部分散为民居。《江南园林志·现状》记录了抗日战争前的园景："今之栖云处，即小林屋一带地，昔日之琴台犹存。稍北方池围廊，敞轩数进，渐就凋敝，有待修补。"之后，渐次散为民居，又两度设为学校。留园，民国初年至抗日战争前，一时被官府没收，一时又归还园主，反反复复，疏于管理。抗日战争全面爆发后，栋折榱崩，墙倾壁倒，马屎堆积，花木枯萎，玲珑之假山摇摇欲坠，精美之家具被取之一空。抗日战争胜利后，成为国民党军队养马之所，再后则处于无主状态，路人随便进出，邻人随意在园中养鸡养羊。艺圃，沦陷时期为日伪占用，抗日战争胜利后为青树中学借用。可园，长期作学堂、图书馆用，沦陷时期被日军所占，书板作柴火，报纸用来擦枪，满园军马屎尿，一片狼藉。环秀山庄，《江南园林志·现状》记下了战前情形："现久经驻军，装折四散，涧瀑不流，幸假山完整，花木扶疏，两亭一舫，犹可登临。西部划为义庄，南部厅堂，曾一度散为民居。"抗日战争胜利后，大部分建筑被园主拆除，园西侧改建成洋楼，二十世纪四十年代末，唯假山、补秋舫尚存。耦园，辛亥后，园主后人回湖州，由一裁缝代管，租赁他人居住，园渐衰落。直至二十世纪四十年代园被刘国钧买下时，已几近破败，假山水池坍塌，花木凋零。柴园，沦陷时期，主人避居上海，日军进驻，被洗劫一空，再后来散为民居，改观较多。怡园，沦陷时期为游乐场，被称为"省会唯一游戏场""苏州大世界"，1948年被河南大学借用。曲园，因主人常年在外，疏于管理，日趋败颓，居室里尘埃层叠，门厅已是裁缝店。木渎羡园，庄俞《邓尉山灵岩山记》记下了二十世纪三十年代的情形："惜尘埃满积，久无居人。"童寯《江南园林志·现状》说："惟失修已久，日就颓败。"灵岩山灵岩山馆，1926年，李根源《吴郡西山访古记》卷一说："居山东南面，占地四五十亩，瓦砾满山，墙基房址，池桥假山，均可辨认。"其他如双塔影园、听枫园、退思园、曾园等，也都呈现衰败景象，兹不赘述。

沦陷时期，园林遭到破坏较大。像伪江苏省政府主席高冠吾醵资修葺沧浪亭，也是事实，但仅是孤例而已。私家园林用作机关，或被军队占用，园林本身的性质和功能被改变，受到玷污和破坏，也是必然的，不可能得到有效保护和有新的建造。对学校占用园林，可做具体分析，苏州美专较长时期设在沧浪亭，国立社教学院短暂设在拙政园，惠荫园、艺圃、可园等也曾用作学校。这些学校，教书育人，学校师生有文化自觉，不会对园林故意破坏，甚至局部也可能会有所修整。但毕竟性质不同、功能不同、需求不同，厅堂楼阁做了课堂，扩大空地以作操场，众多学子，朝夕生活于斯，学习于斯，嬉戏于斯，很难对园林有很好的保护。但像吴子深捐资修葺沧浪亭，使之渐复旧观，这是值得褒扬的。

（三）不少园林对外开放，对园林维护有利有弊。

民国之际，先后有多处私家园林对外开放。究其原因，主要有如下几个方面：一、受公园影响，观念更新，追求时尚；二、园主为增加收入，以接济生活或园林维护之用；三、时局动荡，园主外出，与其空闲，不如卖票开放，既方便市民游览，也可增加收入；四、有的园林被收归公有，对外开放也是一个最好的处置办法。且看一些园林的开放情况。

沧浪亭虽长期为学校所使用，但往游者签名可入。1928年前后，狮子林经园主许可，可以入内游赏，不收园资。1928年至1939年，拙政园对外开放，开始门票半角，茶资酌付，以后价钱渐涨，被伪省政府占用后不再开放。惠荫园民国初年成为游艺场，对游人时开时闭，若有陈石遗等修禊雅集之事，游者须纳游资。留园曾几度对外开放，1929年由吴县政府管理，向公众开放，园资一角，茶资每壶一角，春秋佳日，游客如云，为当时苏州第一游览胜处。“一·二八”淞沪抗战爆发，留园曾关闭，之后又对外开放，游人仍须纳游资进入。西园园资半角，茶资每壶一角。艺圃可以进去游览，但须给看门人酬资。民国初年的南半园，曾对外开放，游人甚多。二十世纪二十年代的怡园，游者须得园主许可，园资不纳，茶资酌给，而且外借宴客。民国早期，慕家花园曾辟为游艺场，内设书场、剧场，园资为大洋两角，有时增加娱乐节目，则酌加茶资，夏日晚间也对外开放，供市民游览，归叶荫三后停止开放。环秀山庄，有人介绍可以入内，不纳园资，茶资酌付。靖园也曾公开卖票，任人游览。羡园，入门须给看门老妪开锁钱，至多两角。另如鹤园、全浙会馆之园，或长年开放，或临时开放。这些园林既然对外开放，就得对园景有所整理，这当然会促进园林的维护。但当时的管理人力、物力、财力、技术和责任感都比较差，不好用我们今天的管理水平来想象。如此看来，一些园林断断续续对外开放，从保护的角度说，有得有失，有利有弊。

（四）纵向与历史上的辉煌相比，有所衰败；横向和全国相比，依然无与伦比，享名全国。

民国时期，苏州历史上遗存下来的传统私家园林，总体趋势，呈现的是衰败、荒凉景象，与明清鼎盛时期的状况相比，其艺术美感差距极大。如果衡诸今天已经被列入“世界文化遗产名录”的苏州园林，更是不可同日而语。但在抗日战争之前、日伪侵占、抗日战争胜利至新中国成立三个不同的时段，不同园林的衰败程度，也不完全一样。对这种情况，拙著《苏州民国园林史》在具体记述各个园林时都有记述，兹综述若干，以进一步形成总体概念。

关于园林衰败的情形，前已略做介绍。1993年，柴园后人柴庆翔在《雨丝灯影忆柴园》中说：“抗日战争前夕，除了贝氏的狮子林外，苏州的私人园林几乎都已圮废不堪。”周劭《苏台寻梦》有一段议论，可视作民国苏州存世园林的总体概括：“那是三十年代中，苏州承百弊之后，一切凋残破旧，园林也不例外。名园以城中拙政园和城外的留园为代表，还有城中的狮子林和顾氏怡园，都年久失修，荒秽不治。所谓名园，似乎连管理的人也没有，园门敞开，可以任意出入。只有狮子林好像还有主人，设有门禁，不能随意进去；不过也并不森严，只要你衣冠整齐，向门房递入一张名片，只要是名片，不管是否本人的，也不看名片上的职衔，便开门延纳，并不售门票之类。倘使你觉得过意不去，便花两毛小洋泡一杯茶，那便是管园的好处了。”这是他们的亲历亲见，可为信史。此后，抗日战争全面爆发，四年国内战争，苏州遗存私园一路衰落，未再恢复生机。直至新中国成立，呈现在世人面前的是一片破旧的面貌。

而就是这样一些衰落、荒凉的历史遗存私园，苏州园林的构架没有变，风貌没有变，深邃的文化底蕴更没有变。拂去身上的灰尘，审视哪怕是破败的残山剩水，人们依然能读出它的美来。诚如一位曾经的青春少女，虽因家道中落，贫寒无依或经风霜侵袭，衣衫破旧，面容憔悴，甚至蓬头垢面，但透过表象，其依然有绰约的身姿、姣好的面容、高雅的气质，苏州园林也是这样。因此，学者人等依旧对它评价极高，赞赏有加。

以童寯《江南园林志·现状》为例，如说拙政园：“惟谈园林之苍古者，咸推拙政。今虽狐鼠穿屋，藓苔蔽路，而山池天然，丹青淡剥，反觉逸趣横生。……爱拙政园者，遂宁保其半老风姿，不期其重修翻造。”说留园：“措置适意，胜境天成……园内装折铺地女墙，各尽其妙，而以铺地为尤。山石亦非心品。自公开游览后，修缮之余，未改旧观，更不可谓非林泉之幸也。”说网师园：“园宅兼俱，典雅古洁，别具一格。自李氏迄今，主是园者，间为画家。据林泉之胜，养丘壑之胸，至足羡也。”说畅园：“城中尚有小园，以畅园、壶园为最。”

郁达夫曾以“颓废美”三个字赞美苏州，园林也是如此，破旧荒凉而依然美丽，即为“颓废美”。当代学者余秋雨，对苏州的美丽精雕细刻，描绘得淋漓尽致，却一言以蔽之曰“白发苏州”，苍老而美，民国苏州园林就是真实的写照。1948年，周瘦鹃在《姑苏台畔秋光好》中说：“苏州的小巷最多，配着柳巷、紫兰巷、幽兰巷等诗意的名字，全是曲曲弯弯的，正如小说故事、电影故事一样的曲折有味。你在秋天风日晴美的时光走过时，往往有桂花香若有意若无意地送进你的鼻管，原来是从人家的园子里飘出来的，端为苏州多旧家，旧家多庭园，而庭园中总得有一二株桂树，与玉兰、海棠、牡丹为配，取玉堂富贵之意，因此你秋天走过那些门墙之外，鼻子里就常常有这种意外的享受了。”

就园林的数量而言，民国三十八年间，苏州有历史遗存私园一百八十处，这在全国无与伦比。诚如童寯《江南园林志·现状》所说：“私人宅第之附有园亭者，盖比比皆是矣。”这种盛况，与清初“城里半园亭”相比，所差无几。所有这些园林，皆具叠山、理水、花木栽植、建造亭台楼阁的要素，皆有苏州园林的传统风貌。园主人依旧悠游其中，享受着休闲的生活。面对如此众多而又具有艺术风貌的园林，《江南园林志》说“园亭之胜，应推苏州”（《现状》），“苏杭并以风景名世，惟杭之园林，固远逊于苏矣”，“江南园林，论质论量，今日无出苏州之右者”（《沿革》）。曹聚仁《吴侬软语说苏州》更极言之：“有人说苏州才是古老东方的典型，东方文化，当于园林求之。”的确，两千多年来，园林陪伴着苏州人生活，承载了苏州的文化和历史。园林，始终是苏州的文化瑰宝。园林，是苏州的名片，读懂了园林，也就读懂了苏州。

中华民国，延续三十八年，苏州却不仅建造了众多的私家园林，还较完整地保存了历史遗存的众多的私园。历经三十八年的岁月，苏州历史遗存的私家园林又渐渐老去，且是伤痕累累。值得庆幸的是，1949年，它们带着“半老风姿”，走进了一个崭新的天地——中华人民共和国的新天地，从此开始了它的新生。

历史不能割断，中华民国时期的苏州园林，具有那个时代的特征，延续了闻名世界的苏州园林文脉。苏州民国园林，应该永远记载在史册中。

金阊门外徐氏园

王稼句

明代阊门外徐氏，乃苏郡大族。约永乐年间，有徐渊者由太仓直塘徙居长洲武丘乡彩云里。徐渊有子徐朴，徐朴生两子，徐焴和徐燿，由此而分两大族。范允临《诰封奉直大夫尚宝司少卿芝石徐公行状》略记了徐氏的阀谱："其先为洪都南昌西陇人，宋淳熙中有名寿者，以贤良征，典教常熟县，县有直塘里，因家焉，故又为直塘徐氏。国初隶直塘于太仓，子孙遂守其丘陇，世世勿绝。十一传而至拙庵公渊，始徙家于长洲之采云里。渊生朴，朴雄于赀，富而好行其德，是为寻乐公。寻乐公生焴与燿。燿以其子贵，封通议大夫，世所称雪井公者也。焴任南府幕，以书礼起家。有丈夫子三，长曰圭，季曰佳，其仲曰封，是为墨川翁，公之父也，配缪氏，公所自出。墨川翁豪迈俊爽，有侠士风。其家自寻乐公而下，世修计然之策，赀累钜万，墨川公修其业而息之，家益以裕。"又《明太仆寺少卿舆浦徐公暨元配董宜人行状》说："朴善计然之策，废著鬻财于郡，为富人。朴生燿，燿多心计，修业而息之，家日以裕，所谓雪井公者是也。雪井生履祥，嘉靖辛丑进士，仕为尚玺卿，号古石。"由此可知，徐氏数世皆经商，遂至巨富。

徐树丕《识小录》卷四说："余家世居阊关外之下塘，甲第连云，大抵皆徐氏有也。"顾公燮《消夏闲记摘抄》卷下也说："万历年间，尚宝徐履祥同侄奉天府尹申并居阊门下塘，富甲三吴，宅大而广。如长船浜，即其帐船所泊处。又江西会馆、陶家池、花步十房庄、六房庄、东园、桃花墩诸处，皆其宅基也。尚宝孙工部溶复造西园，后舍为戒律禅院。”

徐氏在阊门外所造之园，大致可分两区：一在上津桥南的上塘，即东雅堂系统，乃徐封始建；一在上津桥北的下塘，即榆绣园系统，乃徐履中始建。

东雅堂·紫芝园

徐封，字子慎，南康公徐焴次子，号墨川，一作默川。生而颖秀，稍长继承先业，能操奇赢，既入太学，从容诗酒文会，厌薄世氛，以风雅自居。范允临《太学生墨川徐翁暨配缪孺人传》说他“生平雅好艺文，床上积书与屋齐，尊彝绘素，悉钓致以供玩弄”。拿他自己的话来说：“吾拥此如南面百城，作老蠹鱼游万卷中，甚快，安能交贾人富儿，持筹握算为阿堵奴者。”万历十五年（1587）卒，享年八十五岁。

东雅堂起建于嘉靖二十四年（1545），徐封四十三岁，那年正值吴中大旱，太湖水缩，稻麦全荒，人食草根树皮，灾后又遇大疫，水中浮尸相藉。范允临《太学生墨川徐翁暨配缪孺人传》说：“会岁大祲，行道多菜色，翁计以工得食，贫者输其力，而我授之飧，不且两利，虵于大人施乎。于是仿筑堤建塔遗意，出橐中装，为园城西，备泉石之致。役兴，邑借以无殍。”这是另类的慈善，既赈了灾，又为自己造了园，“以工得食”固然不错，唯营造的人工开支大大降低了。

东雅堂本是徐封的斋馆，嘉靖二十一年（1542），文徵明作楷书《千字文》，据《石渠宝笈》卷三十一著录，款署“嘉靖壬寅岁春二月九日徵明书于东雅堂”。至嘉靖二十五年园落成后，即以东雅堂题名主厅，亦代指整个园子。徐封曾覆刻廖莹中世彩堂本《昌黎先生集注》，世称“东雅堂韩文”，收入《四库全书》，即名《东雅堂韩昌黎集注》。章学诚《东雅堂校刻韩文书后》说：“此书于韩集虽未为至，而剞劂精良，款识古雅，置之案间，摩挲赏玩，盖亦不可少之物也。”东雅堂外，后人亦以主人之号，称为墨川园。

徐封与当时名流都有交往，范允临《太学生墨川徐翁暨配缪孺人传》说：“乃以东雅颜其堂，尝谓孟尝多侠客而乏文，梁园饶文士而未雅，吾所愿歌于期聚于斯者，其大雅君子乎。以故一时名胜，若文徵仲父子、王履吉兄弟，逮王子禄、汤子重辈，咸雅慕之，日登斯堂，相与啸歌竟日，或至丙夜，犹闻敲灯落子声。客有不韵者，辄拒之户外，毋溷乃公为也。”以文徵明为例，早在嘉靖十九年（1540），即为他题诗两绝于陆治画，据潘奕隽《潘氏三松堂书画记·陆包山治山水》著录，款署“嘉靖庚子秋八月既望，徵明似默川先生政”。他造园时，徵明偕仇英为之布画藻缋，且题诸额，如东雅堂、永祯堂、五云楼、白雪楼、遣心槛等。嘉靖二十九年三月，同游光福虎山桥，徵明作《虎山桥纪游卷》，题曰：“嘉靖庚戌春暮，偶同默川诸公游虎山桥，时落花满径，归而图之，以纪兴尔。徵明。”六月既望，徵明为作《万壑争流图》，题曰：“比余尝作《千岩竞秀图》，颇有思致，徐默川子慎得之，以佳纸求写万壑争流以配。余性雅不喜作配幅，然于默川不能终却，漫尔涂抹，所谓一解不能如一解也。是岁嘉靖庚戌六月既望，徵明识，时年八十又一。”又为作《山园图》，张丑《清河书画舫》卷十二著录：“太史公又为默川先辈作《山园图》长卷，绢本，大着色。前后位置，泉石楼阁，极古雅，中间杂写桃杏芙蕖、拒霜橙橘之属，一图皆备，尤为斐娓绝伦。识者称其远师右丞遗法以成之，真仙品也。”由此可见两人交谊之深。

当时园中景致，范允临在《诰封奉直大夫尚宝司少卿芝石徐公行状》中做了介绍：“聚巧石为山，奇峰峙立，列嶂如屏，环以曲池，涟漪清泚。池阴有堂，颜曰东雅，公所宴息处也。地方十许亩，而楼横堂列，廊庑回缭，栏楯周接，木映花承，无不妍稳。位置区画，皆出名公目匠心营，故逶迤衡直，闿爽宏深，皆曲有奥思。”园以叠山奇石著名，故郡人有“假山徐”之称。

徐封有子三人，伯谅，仲简，叔謙。仲简字可之，号芝石，因子贵封奉直大夫尚宝司少卿。其子徐元正，字景文，举万历三十年（1602）进士，官太仆寺少卿。徐元正邀当时名士王稺登游园，并请撰记，王为题名紫芝园，徐树丕《识小录》卷四引录了王记的全文：

“紫芝园者，太仆少卿徐君召景文家园也。太仆家在上津桥，负阳而面阴，右为长廊，数百步以达于园之南向，前临大池，跨以修梁，曰紫芝，梁成而朱草生，故园因以名。循梁而入，有门翼然，堂曰永祯，文太史手书。堂东西各有门，其东西各有门，中门曰揽秀，余所名也。堂西有楼，曰五云，题亦自太史。凭栏矫首北望，三台子牟安能忘魏阙哉。再入为友恭堂，许元复先生书额。友恭而后，深房曲室，接栋连栖，沉沉莫可窥矣。紫芝桥南，叠石为峰，曰五老，余易名仙掌，巨灵奇迹，纵非蜀道移来，亦仿佛汉宫承露铜仙人五指排耳。左轩右楼，楼小于轩，轩之名迎旭，楼名延薰，轩在东，楼在南也。稍西折而南，经一门，名入林。梁石而渡，名卧虹。堂曰东雅，文太史书，栋宇坚壮，闳丽爽垲，题斗拱箬，雁齿鱼鳞，夏屋渠渠，可容数百人。堂后小山二古松，一虬枝偃蹇，盖数百年物。堂西书室，余名为太乙斋，火光荧荧，出于杖首，主人于此修中垒之业乎。循池而右，楼名白雪，水槛名遣心，皆出太史公。绿波粼粼，房廊倒影，何必太液影娥，乃祢仙境池。右折汇于东雅之前，岩岫参差，磴道屈曲。而登一亭，临池三峰环列，曰浮岚。左折而上，有峰如屏，下俯石洞，曰窥壑。由洞右折而上，亭北向，曰瞻辰。渡石，一峰秀出，拾级而下，为钓台，天目奇松覆之，清风时来，枝间声谡谡，如秋江八月涛，可以洗心，可以濯足，悠然有桐江一丝之想。俯而西，过石门，曲径临流，飞岩夹道，峭石巑岏，钩衣而刺目者林立。南行入一洞，峰石皆锦川，双洞若环，名曰联珠，清旷通明，可罗胡床十数，石如天成，流丹染黛，欲上人衣。其上为台，曰驰望，山之最高处也。东望城阛，千门万户；西望诸山，群龙蜿蜒。美哉山河之固！遐想吴越霸图，不能不动英雄一慨矣。峰之最高名曰标霞，其他群石，或如潜虬，或如跃兕，或狮而蹲，或虎而卧，飞者伏者，走者跃者，怒而奔林，渴而饮涧者，灵怪毕集，莫可名状。每当朝霏夕晖，烟横树暝，池光澄澄，冰轮浸魄工，若深山大泽，含气出云，又如仙家楼阁，雾闼云窗，与琪花瑶草相映带，非复人间世矣。山势正与东雅相向，右过石门，名排云。石径折而下，古木奇峰，左右森列。过小石梁，临以碧沼，傍皆峰峦岛屿，大小凡五六。径尽有亭，名隔尘。逶迤而入，修篁蔽日，暑气不到，楼在竹中，曰留客，取杜少陵诗‘竹深留客’句也。竹尽处一轩，名浮白。过此北穿，径入水洞，广可三五寻，下临幽涧，束腓仄趾而渡，名浮波。折而上，东向一亭，三峰在侧，曰清响亭。西皆竹也，石梁琴台在焉，山水清音，绝胜丝竹，于焉持螯，于焉醉月，何惜梁州一石耶。园尽处，杰阁嵯峨，曰玄览，登兹四望，一园之胜悉在眉睫，无复隐形。大都紫芝桥之内，宫室楼宇为政，政在靓深；桥之外，峰峦洞壑，亭榭池台为政，政在秀野。此则经营位置之大概也。园创自太仆之祖默川翁，翁为人疏直坦衷，豪举好客，维席先世之业，号称素封，然不屑持筹铨核，乐义好施，置田免里人之役，多蓄法书名画，古鼎尊彝，与名流贤哲文酒过从。以岁方大祲，营土木以食贫者。园初筑时，文太史为之布画，仇实父为之藻缋，一泉一石，一榱一题，无不秀绝精丽，雕墉绣户，文石青铺，丝金缕翠，穷极工巧，江左名园未知合置谁左。默川翁晚岁，家渐旁落，台省郡邑诸公，登临燕集，祖饯交会，钟鼓干旄至者，往来出入，不问主人，使泉石薜萝，厚颜蒙耻凡若干年。丙戌以后，太仆君登高华，涉清要，游者不敢阑入，而后园始复为徐氏有矣。当是时，翁岿然黄髮，犹及见其孙贵显然后坳，其得于天者厚哉。园初未有名，余名为紫芝，纪瑞也。九茎三房，自昔表为祯祥，惟有德者当之。徐自默川翁而上，代多长者，翁又培且滋之，造物将以兹园奇丽，非凉德所能堪，故必俟其后人之贤者，而后如太仆君之忠雅宽平，与物无竞，其勋名未可量也。昔平泉花石，赞皇不能保之，易之辋川图咏，中允乃获，垂之千秋，文之不可已也如此。此太仆君所以索余记也，惜余暮年衰飒，不能陆离其辞，为兹园增胜耳。园凡若干亩，屋室三之，池二之，山与林木蹬道五之，峰三十六、亭四、洞三，津梁楼观、台榭岛屿不可计。创于嘉靖丙午，修于万历丙申。太仆索记之意，非徒侈游观夸钜丽，盖欲不忘祖德，使后之人世守先业，无若赞皇氏之子孙云耳。太原王穉登撰。”

徐树丕卒于康熙二十二年（1683），享年八十八岁，目睹了紫芝园的盛衰，《识小录》卷四说：“年来式微，十去七八，惟上塘有紫芝园独存，盖俗所云作假山徐，正得名于此园也。因兄弟构大讼，遂不能有，尽售与项煜。煜小人，其所出更微，甲申从贼，居民以义愤付之一炬，靡有孑遗，今所存者，止巨石巍然旷野中耳。园创于嘉靖丙午，至丙戌而从伯振雅联捷，至甲申正得九十九年，不意竟与燕京同尽，嗟乎，嗟乎！”

项煜其人，计六奇《明季北略》卷二十二“从逆诸臣”有小传：“项煜，字仲昭，号水心，南直吴县人。天启乙丑进士，官少詹兼侍读，伪太常寺丞。贼党黎志陞，其甲戌所取士也。《国难录》云：‘时京师传言黎为贼腹心，荐煜大拜，煜即昌言于众曰：“大丈夫名节既不全，当立盖世功名，如魏徵、管仲可也。”乃授太常，意气沮丧。’奉伪命祀泰山，驰驿过山东，始变服遁，迳走南都，欲入班，被逐。煜素巧宦，初在魏党，旋媚东林求脱，遂复故物。家起荜门，骤致奇富，所居为假山徐氏名产，捐万二千金得之。以词林清修之席，而一居之侈已如此，其品可知。

种怨里闬，化为煨烬，哀哉！”

虽然园子被毁于火，然项氏子孙仍居之。清嘉庆三年（1798），范来宗《寒碧庄记》说：“金阊门外，旧多名园，前明徐太仆之东园，项宫詹之芝园，其最著者。自物换星移，烟云变灭，芝园仅留故址，子孙居之，无复曩昔亭馆之胜。”以后情状，无可细说，咸丰十年（1860）又遭太平军兵燹，所存建筑大概圮废殆尽了。据光绪三十四年（1908）《苏州巡警分区全图》标注，其遗址在汀州会馆、武陵会馆一带，后皆为北兵营所占。

榆绣园·东园·西园

徐履中，字子本，号岩石，雪井公徐燿子，履祥同父异母弟，与顾曾唯、袁尊尼亲家。监生，例授光禄寺大官署丞。万历二十七年（1599）卒，享年七十四岁。

履中所建之园，即在今留园址，约起造于嘉靖后期，初无榆绣园之名，钱穀为绘图卷，张凤翼《处实堂集》卷六《徐氏园亭图记》说：

“此徐氏园亭图也，园在阊门外新桥之北，桥去城二里而遥，园去桥半里而近。入门，花屏逶迤，中围小山，山嶙峋多奇石，杂树松桧，森焉若真。遵麓而东，东有小渔梁，逾梁有小亭，命之曰天香，桂丛在焉望，素而芬，宛乎淮南招隐之境也。亭前有小池，池广植莲，当朱而荣，烨乎若耶采芳之区也。池通大池，大池之上有堂临之，堂居园之中央，命之曰水木清华，觞酌恒于斯矣。堂西有小斋，斋外有桥，桥西复有斋，斋后植蕉，咸可憩焉、谈焉、藏焉、修焉，委乎禅房之奥也。自桥北望重屋耸矗，飞甍入池，俨如倒景，池即大池。折而北，北南长可百步，沿池而北，历台至楼。登斯楼也，左城右山，应接不暇，而虎丘当北窗，秀色可摘，若登献花岩，顾瞻牛首山然，俯而视之，则平畴水村，疏林远浦，风帆渔火，荒原樵牧，日夕异状，命之曰寰胜，谅乎其胜也已。地于园最后结亭，于诸构亦最后。楼之西有丛竹，结茅亭其中，故末及之。主人子本，乃好行其德者，又敬爱客，嘉隆间尝与寿承、休承、孔加、公瑕、鲁望诸名胜嬉遨其间，至信宿忘返，殆若不知园之非吾有者。当时未有图也，已而钱山人叔宝为之图，图成而子本之伯子孝甫装潢之，属予为之记。予惜夫风景具存而人物非昨，遂不得与寿承、孔加、鲁望分咏其胜，不能无山阳闻笛之感，其又何以记斯。顾孝甫翩翩能世其高雅，实重违其意也，遂僭书卷端，且为休承、公瑕先驱云。”

这篇图记，需要做点说明。徐氏园亭“在阊门外新桥之北，桥去城二里而遥，园去桥半里而近”，新桥即今上津桥，谢时臣《金阊佳丽图卷》标作“上新桥”。履中在“嘉隆间尝与寿承、休承、孔加、公瑕、鲁望诸名胜嬉遨其间”，寿承是文彭，休承是文嘉，孔加是彭年，公瑕是周天球，鲁望是袁尊尼，张凤翼写这篇图记时，唯文嘉、周天球尚在世，那必在万历二年（1574）后，万历十年前。张凤翼《处实堂集》卷三另有一首《郝刘二令招饮徐氏园亭》，诗云：“双凫欣见两王乔，绮席叨承郭外招。燕濯入筵疑鼓舞，莺声出谷杂歌谣。政觞亦自花惊眼，下士宁辞礼折腰。不是神君勤采择，座中那得有刍荛。”吴县知县郝国章，万历三年到任，八年调知封丘；长洲县知县刘怀恕，万历六年十月到任，十一年召为御史。故此次招饮，必在万历七年。从诗题来看，郝、刘两知县在徐氏园亭招饮张凤翼，主人自然是陪席的，很有可能就在这次宴会上，主人请他为钱榖所绘《徐氏园亭图》写了这篇记。

万历十七年（1589），雪井公徐燿嫡孙、履祥第三子、履中侄泰时解组归来，履祥早卒于嘉靖三十六年（1557），时履中已六十四岁，泰时俨然而成这处园亭的主人。

泰时原名三锡，字叔乘，更名后改字大来，号舆浦。万历八年（1580）进士，授工部营缮司主事，督工修复慈宁宫有功，擢郎中，复督修寿陵，加衔光禄寺少卿，转太仆寺少卿，故人称“徐冏卿”。据《明神宗实录》卷二百五十七记载，万历十七年，泰时被劾“受贿匿商，阻挠木税”，“旨令泰时回籍听勘”。二十六年卒，年五十九。

范允临是泰时之婿，他在《明太仆寺少卿舆浦徐公暨元配董宜人行状》中说：“公遂挂冠归里门，归而一切不问户外，益治园圃，亲声伎。里有善累奇石者，公令累垒为片云奇峰，杂莳花竹，以板舆徜徉其中，呼朋啸饮，令童子歌商风应苹之曲，其声歇云。公饮可一斗而醉二参，酒后耳热，歌呼鸣鸣。曰：‘人皆谓我老孝廉，而我已进贤冠；人皆谓我青毡死，而我章已得紫金。人生如驹过隙耳，吾何不乐哉。’于是益置酒高会，留连池馆，情盘景遽，竟日忘归。”

万历二十四年（1596），长洲县知县江盈科应主人之邀，往园中一游，他在《后乐堂记》中说："太仆卿渔浦徐公解组归田，治别业金阊门外二里许。不佞游览其中，顾而乐之，题其堂曰后乐，盖取文正公记岳阳楼义云。堂之前为楼三楹，登高骋望，灵岩、天平诸山，若远若近，若起若伏，献奇耸秀，苍翠可掬。楼之下，北向左右隅，各植牡丹、芍药数十本，五色相间，花开如绣。其中为堂凡三楹，环以周廊。堂墀迤右为径一道，相去步许，植野梅一林，总计若干株。径转仄而东，地高出前堂三尺许，里之巧人周丹泉为累怪石，作普陀、天台诸峰峦状。石上植红梅数十株，或穿石出，或倚石立，岩树相得，势若拱遇。其中为亭一座，步自亭下，由径右转，有池盈二亩，清涟湛人，可鉴须发。池上为堤长数丈，植红杏百株，间以垂杨，春来丹脸翠眉，绰约交映。堤尽为亭一座，杂植紫薇、木犀、芙蓉、木兰诸奇卉。亭之阳修竹一丛，其地高于亭五尺许，结茅其上，徐公顾不佞曰：'此余所构逃禅庵也。'公蓄两娈童，眉目狡好，善鹳鹆舞、子夜歌。酒酣，命施铅黛、被绮罗，翩翩傮觞，恍若婵娟之下广寒，织女之渡银河，四坐宾朋无不凝盼解颐，引满浮白，饮可一石而不言多。噫嘻，乐哉堂乎！"

这篇《后乐堂记》是晚明小品名篇，流布很广，起首"太仆卿渔浦徐公解组归田，治别业金阊门外二里许"一句，让人误以为园是泰时始建，至今《留园志》等均持此说，却不知园早已有了，泰时只是做了补缀增成的事，包括请周时臣叠石、移入瑞云峰等，而范允临说他"益治园圃"，则来得比较准确。

江盈科是父母官，徐氏园亭是去过多次的，《雪涛阁集》就留下不少诗咏，如《叶民部集徐园观灯》《陈进士召集徐园》《徐少卿园赏牡丹》《雨中徐园看牡丹》等，古风《徐冏卿席上赋》颇可见园中景致和园主生活，咏道："徐公弱冠妙词赋，献策金门侈际遇。须眉未皓登上卿，九列班高人所慕。斗大黄金指顾间，莼鲈忽忆江东路。金昌城畔构亭台，叠石引流临古渡。名花杂植数百茎，四时常得教春住。樽中有酒多如渑，折简要予笑相赴。撞钟伐鼓声振天，海错山肴不知数。况有龙阳安陵来侑觞，妙舞清歌莽交互。歌喉嘹亮青云遏，舞袖飘飖彩霞布。乍疑赵燕掌中飞，更讶秦蛾屏外度。令人酣畅不知归，那识栖鸦啼晓露。君不见，姑苏昔日霸吴王，十万水犀如虎怒。一朝麋鹿忽来游，英雄竟作罝中兔。西施国色属何人，楼阁荒基栖雁鹜。世事茫茫如弈棋，番来覆去成新故。所以古达人，荷锸无回顾。酒在杯中且莫辞，醉乡深处无朝暮。会须撇却肘间铜，与君共泛沧溟雾。”《雪涛阁集》卷十三还有致徐泰时尺牍两通，一曰：“拙制自写意兴，比之蝉蚓天机可也，乃辱明公勒之名园，音律既卑，书法更拙，恐飞泉渍沫，难为江生洗恶诗耳。”一曰：“两过名园，山形水色，总非人寰中物，岂六丁为老丈从海上驱而来也？他禽鱼花竹，种种会心，乃知三岛飞仙，谪居尘世，方能消受此景。不肖碌碌簿书，坐此间一刻，便欲蜕去，偶得拙作一章，书扇请政。”从前一通尺牍来看，主人已开始征集书条石诗文，这是园林书条石起自晚明的一条记录；从后一通尺牍来看，江盈科对这个园子十分欣赏，这也是与当时苏州其他园子的比较中得来的。

江盈科同年，时任吴县知县的袁宏道，也曾往游，他在《园亭纪略》中说：“徐冏卿园在阊门外下塘，宏丽轩举，前楼后厅，皆可醉客。石屏为周生时臣所堆，高三丈，阔可二十丈，玲珑峭削，如一幅山水横披画，了无断续痕迹，真妙手也。堂侧有土垅甚高，多古木，垅上太湖石一座，名瑞云峰，高三丈余，妍巧甲于江南。相传为朱勔所凿，才移舟中，石盘忽沉湖底，觅之不得，遂未果行。后为乌程董氏构去，载至中流，船亦覆没，董氏乃破赀募善没者取之，须臾忽得其盘，石亦浮水而出，今遂为徐氏有。范长白又为余言，此石每夜有光烛空，然则石亦神物矣哉。”《锦帆集》卷四有万历二十五年（1597）致徐泰时尺牍一通，袁宏道说：“东吴两载，罪过丘积。惟足下若以为可教也者，每至名园，则谈笑移日，丝肉竞作，不肖亦每每心醉而归。不意一病，遂至暌别，朱华绿池之约，竟落梦境。人生离合，信有制哉。吏道如网，世法如炭，形骸若牿，可以娱心意悦耳目者，惟有一唱一咏一歌一管而已矣。过此则有太上之至乐，穷天地之奥妙，发性命之玄机，究生死之根源，别儒佛之同异，足下倘有意乎？不肖愿执鞭策而从事矣。”泰时罢官，宏道厌官，两人有不少共同语言。

泰时做园主不到十年，园中以周时臣叠石、瑞云峰及四时花木之盛闻名遐迩。同时，徐氏家班也给人留下深刻印象，袁宏道《锦帆集》卷三有致袁宗道尺牍一通，就说：“吴侬可与语者，徐参议园亭，徐少卿歌儿耳。何物灵异，出此三物，奇哉怪哉。”

泰时卒于万历二十六年（1598）三月初三日，当年九月二十日，冯梦祯来游，

《快雪堂日记》卷十记道："是日，婆娑范长倩斋中，候徐文江年兄，长倩开筵相款。游榆绣园中，规制甚宏而少宛曲清远之致。独朱勔所遗花石纲石三枚为最奇，一大者铭'瑞云'，修二丈，广丈许，尤奇之奇者。其时，堕湖中不能出，本朝陈祭酒、董宗伯与太仆公俱得之而不能竖，当有待也。晤朱文中，方病疟，强起，徐生滋胄以家乐至，演《蔡中郎》数出，甚可观。夜半始登舟。"

冯梦祯提到此园称榆绣园，应该是正式园名，究竟是履中时已有，还是泰时时才题，已无可推考。今人称泰时园亭为"徐氏东园"，那是不确切的。东园是相对西园而言的，泰时在世时，还没有西园，西园乃泰时子徐溶所建。

泰时卒后，徐申继为园主。徐申初名申锡，字维岳，号文江，履和子，履祥侄，泰时堂弟。万历五年（1577）进士，除广东海阳知县，官至南京太常寺少卿、南京通政使。四十二年卒，年六十七岁。徐申仕有政声，详李维桢《南京通政司通政使徐公神道碑》、叶向高《嘉议大夫南京通政使文江徐公墓志铭》。下津桥东的"殿中执法"坊，即为其所立，且入祀乡贤祠。

徐申卒，泰时子徐溶继为园主。徐溶字清之，泰时侧室童氏所生，生七月，泰时去世，托孤于婿范允临。徐溶全赖姐夫范允临、姐徐媛抚养成人，历官工部屯田司员外郎。据《明史·魏忠贤传》记载，当忠贤盛时，徐溶也"佞词累牍，不顾羞耻"，故当崇祯初罢黜阉党，就削职归里。范允临为他向凌必正说情，《为清之上凌圣功书》说："清之中落，往往有侮之者，不肖受先妇翁托孤之命，井救无补，致遗地下之憾。所望通好如台翁者，时时提之携之，使死者永切九泉之颂，生者欲矢千秋之报。"崇祯九年（1636），徐溶四十岁，范允临作《寿内弟徐清之四十初度序》，一字未及其官履政声，只是说："父所授产未折一箸，视昔有加焉，堂之构之者有人矣，播之获之者有人矣，春秋祠而踵而拜跪者有人矣。"

徐溶继为园主，年已十八岁，生长锦衣玉食之家，难免纨绔习气，曾恋一妓，为之死去活来，范允临作《与徐清之书》进行规劝。天启间，徐溶另起一园，在冶坊浜东，距榆绣园西里许，故称西园。徐溶既有榆绣园，为何又另起一园，范允临有诗《内弟清之构金屋重楼以居其宠姬九娘子且当笄旦适值帨辰诗以贺之》，隐隐透露了其中消息。另有一首《重过西园再晤六一怅念前惟感而赋此效李义山体》，应该作于徐溶落职以后，由西园而回想昔年榆绣园的盛况，诗云："重上当年歌舞筵，不分啼笑各凄然。悲吟团扇羞憔悴，惜彩丝麻怨弃捐。金椀漫夸幽冥会，玉环虚拟后生缘。欲援锦瑟传心语，断肠清商五十弦。”

徐溶罢归后，自知仕途已绝，转而向佛，就将西园舍为复古归原寺，崇祯八年（1635）延报国茂林律师开山，改戒幢律院。钱谦益《吴郡西园戒幢律院记》说：“郡城阊门外，一拘卢舍而近，有招提曰西园戒幢律院，故工部屯田司员外郎徐君溶之别业，房宇靓深，树木古秀，员外慕古人舍宅，斥之以供佛也。”明末，这个寺院兼园林，游屐络绎不绝，东园、西园的说法，也是这时开始流行的，如汪琬《过西园》云：“松路榛门接细岑，水清石瘦却幽寻。潜龙尚有为霖势，倦鸟初无择木心。聊借闲身供啸傲，略扶病脚试登临。远公倘值莲华社，不敢攒眉向法林。”徐崧《过西园作》云：“西园跬步近，日晚偶过从。不料清歌地，还瞻古佛容。露光千树月，风响一声钟。惘惘人间世，谁能识苦空。”

惜乎早期西园，未见具体的文献记载，整体布局不得而知，今戒幢律寺西花园，应该还稍存当年西园的遗迹。

附　录

瑞云峰故事

瑞云峰，玲珑高耸，相传朱勔采自洞庭西山，未及启运而朱勔败，弃置荒野，至明万历年间，辗转而为苏州榆绣园主人徐泰时所得。凡游园者，都对这一石峰留下深刻印象。姜埰《秋日游徐氏东园》四首之一云：“徐氏园林在，招寻独倚筇。三吴金谷地，万古瑞云峰。宿莽栖寒雁，澄潭伏蛰龙。西园花更好，香帔起南宗。”徐崧《题瑞云峰》云：“一片玲珑石，神功讵琢成。瑞分芝草秀，奇合夏云生。未肯随朱勔，还应傍冏卿。至今荒垅上，剑水气英英。”

瑞云峰乃花石纲之遗，几经辗转，至万历间归徐泰时，但这个辗转过程，说法很不一样。更让人惊叹的是，在运输瑞云峰时，舟过太湖，峰盘俱堕落水中，又失而复得，说法也很不一样。但这个神奇故事，流传很广，增添了瑞云峰的神秘和诡异。

一说先为陈霁所有，正嘉间置于横泾上堡园中，转归徐泰时岳父董份，再归徐泰时。潘永因《续书堂明稗类钞》卷十引周玄暐《泾林续记》："祭酒陈霁，家东洞庭，资累巨万。造房，厅事拟于宫殿。辟花园，广百亩，累石成山，极具巍峨。市一主峰，高丈许，阔三丈，载以木筏，重弗能胜，沉太湖中。筑堰壅水，百车共戽，几一月，水涸石露，曳之登筏，非原石也。复捞之，乃获。先所得石，乃其坐盘，若天作之合者。陈置园中，巨伟无匹。后裔式微，转售董浔阳，广用工费，运抵南浔，未及竖立，浔阳没，子孙相继夭折。其婿徐舆浦，掩为己有，载归阊门。"徐树丕《识小录》卷三说："瑞云峰，出自西洞庭，为朱勔所采，上有'臣朱勔进'四字，会靖康乱，未进，弃诸河滨云。先王母之祖陈司成公，讳霁，家于吴县横泾之上堡，治第宏壮，按经藏数，凡五千四百八十间。堂前峰石五座，其最巨者曰瑞云，层灵叠秀，挺拔云际，诚巨观也。青鸟家或言类火形，不利宅主，遂断去六七尺，犹高三丈余。初，司成公采自西洞庭，渡河舟坏，沉一石，并沉一盘，百计不能起。土人云，以泥筑四面成堤，用水车车水令干。凡用千有余工，石始出，盘竟弃，不能举。其后归之湖州董宗伯份，舁石至舟。或教以捣葱叶覆地，地滑省人力，凡用葱万余斤，南浔数日内葱为绝种。载至前坏舟处，石无故自沉，乃从湖心四面筑堤，如司成沉石时，筑岸成堤，架木悬索，役作千人，百计出之，乃前所沉石盘，非峰也；更募善泅者，摸索水底，得之一里之外，龙津合浦，始为完璧。咸怪异，以为神。计司成公沉石时，恰甲子一周。会宗伯罢官，遂讫宗伯之世，置而未垒者二十余年。家冏卿，讳泰来，宗伯婿也，载以归吴之下塘，所坏桥梁不知凡几。"

一说先为王鏊所有，弘正间置于吴县洞庭东山园中，后归徐泰时。姜绍书《韵石斋笔谈》卷上"瑞云峰"条说："震泽洞庭之麓，产奇石焉。宣和中，朱勔得神运峰于鼋山，广百围，高六仞，殚东南民力运入汴京，为艮岳群峰之长。今姑苏徐氏园之瑞云峰，亦其流亚也，峰峦秀拔，岩崿嵌空，苍润嶙峋，耸立林表。初在王文恪别墅，后归太仆徐君，徐营菟裘于吴门，移置此石，联舟载之。既至湖心，风狂浪涌，舟败石沉。于是寒波万顷，遥浸月华；素练千层，倒沉云影。狰狞渊底，恒惊跃浪之鲸窦；兀波心长，为秋水之骨犀。然牛渚孰窥水府神奇，剑入龙津，莫测波臣变化。徐君素有平泉之癖，反为望石之夫。广募渔人，泅于浩淼，若蜑户之探珠，类舟人之求剑。忽觉洪涛中崔巍影现，仿佛似之，乃编巨筏、设绞车，千夫竞拽，登之水湄，则块然如盘，非复故物。就而视之，即斯石之座也。徐君得鱼思筌，仍百计旁求，冥搜于蛟阙。渔人复于深潭，揣得石骨，越壑穿岩，足指几裂，益以千寻組索挽而出之，如巨鳌载山，横截波面，宛然原石也。乃知神物会集，确有机缘，云峰不沉，盘石不出，珠还璧合，夫岂偶然。”

一说瑞云峰即小谢姑，先为董份所得，再归徐泰时。张岱《陶庵梦忆》卷二《花石纲遗石》说：“大江以南，花石纲遗石，以吴门徐清之家一石为石祖。石高丈五，朱勔移舟中，石盘沉太湖底，觅不得，遂不果行。后归乌程董氏，载至中流，船复覆。董氏破资募善入水者取之。先得其盘，诧异之，又溺水取石，石亦旋起。时人比之延津剑焉。后数十年，遂为徐氏有。再传至清之，以三百金竖之。石连底高二丈许，变幻百出，无可名状，大约如吴无奇游黄山，见一怪石，辄瞋目叫曰：‘岂有此理，岂有此理！’”金友理《太湖备考》卷五说：“小谢姑，在大谢姑旁。”自注：“按旧志云，有若二女，娟好相对立者。今二山低与水平，无山之形，娟好何在？相传朱勔采石时，二山一空，其主峰即艮岳之昭功神运石，封为盘固侯者也。”又卷十录吴庄《谢姑山》诗云：“闻说凌波大谢姑，装成艮岳一峰孤。瑞云飞入西园去，谁写浔阳载石图。”自注：“宋朱勔花石纲，采大谢姑顶峰入汴，置御苑艮岳。明季董尚书份购归南浔，其婿徐某乞之，移置阊门外之西园，名曰瑞云峰。今园废而石犹存，四面皆踏布房，石已嵌砌入墙。”

以上三种说法，先陈霁后董份再徐泰时一说，来得比较合理。

陈霁，字子雨，号苇川，苏州府吴县人。弘治九年（1496）进士，官至国子监祭酒；正德十三年（1518）被诬劾，自陈致仕；嘉靖十八年（1539）卒，年七十五。据张邦奇《明故国子监祭酒进阶中宪大夫苇川陈公墓志铭》记载，其家“世以赀雄”，故有庄园在家乡水东横泾上堡，规模宏大，见前引《泾林续记》《识小录》。

董份，字用均，号浔阳山人，又号泌园，湖州府乌程县人。嘉靖二十年（1541）进士，官至礼部尚书兼翰林学士；万历二十三年（1595）卒，年八十六。有园在南浔，申时行《寿大宗伯董师六十序》说：“居有园池台榭、禽鱼花木之胜，吟啸偃仰，与高旷玄逸之士为胶漆，其致远矣。”

瑞云峰先后在陈霁、董份园中，但都没有见到第一手资料。按徐树丕《识小录》卷三的记载，约正德八年（1513）前后，陈霁得瑞云峰于洞庭西山，“恰甲子一周”后为董份所得，是在万历初，董份“置而未垒者二十余年”。董份卒后，才归女婿徐泰时，故当在万历二十三年（1595）后。二十四年，江盈科作《后乐堂记》，未曾提及；二十五年，袁宏道作《园亭纪略》，瑞云峰已赫然在园中。

相传瑞云峰是不祥之物，为防其作祟，故都不竖起，冯梦祯《快雪堂日记》卷十说：“本朝陈祭酒、董宗伯与太仆公俱得之而不能竖，当有待也。”据袁宏道《园亭纪略》记载：“堂侧有土垅甚高，多古木，垅上太湖石一座，名瑞云峰，高三丈余，妍巧甲于江南。”似乎是竖起的，如果说，泰时于万历二十五年（1597）竖起，第二年即病卒，相传乃此石作祟之故，家人又将其推倒，并讳其事，故冯梦祯所记，也是不错的。继而徐申复竖起，徐申又卒，潘永因《续书堂明稗类钞》卷十引周玄玮《泾林续记》说：“未几，舆浦下世，复归侄徐文江。方叠起，而文江告殂，似石为祟云。”泰时之子徐溶再竖起，徐溶又卒，徐树丕《识小录》卷三说：“未几，冏卿捐馆，五峰高卧深林茂草中复四十年。冏卿子中翰竟起之，不逾年而中翰死，相传以为不祥之物云，至今犹树于东园废圃。”按泰时卒于万历二十六年，徐溶四十年后复竖起，不逾年而卒，则徐溶卒于崇祯十一年（1638），年四十二。

瑞云峰虽为不祥之物，但它失而复得、峰盘相合的离奇故事，流播久远，也附会到其他园林的峰石上，以增添神奇，如晚明松江顾正心熙园中一石，就是如此。张宝臣《熙园记》说：“堂前一巨石，高十丈许，四面玲珑，真襄阳谱中物。初得是石，未有盘，载至泖泾，舟覆石沉，牵挽而出，先得盘，次乃得石，合之，其旧偶也，珠还剑合，岂独神千古哉。”叶梦珠《阅世编》卷十也说：“内有一峰雄峙，乃天然生就，非藉积累而成，高十余丈，俯阚诸峰，有飞舞之势，非数百人不能举，故至今尚存。相传载此石归时，忽沉于泖，募习水者以巨絙下牵挽之，其下更得一石，合之乃其座也。一时惊传，谓有神助，迄今独逃劫外，不信然哉。”熙园之石，高十余丈，颇不可思议，与瑞云峰又际遇相似，更不可思议矣。

至清初，榆绣园散为民居，瑞云峰已在踹坊中茅厕之侧。过者见之，往往为之可惜，因大都不知其为不祥之物也。朱象贤《闻见偶录》就说：“吴郡阊门外下塘上津桥之北里许，有太湖石一座，高二丈余，玲珑妍巧，世无伦比，其石盘之佳，亦不可及。峙立于踹坊厕屋之隙，予甚惜之。”“嗟乎！金阊为商贾辐辏之地，岂乏富厚有力之家，何以任其埋没而不顾耶？有爱惜之者，苦无其力，而有力之人，又皆惟利是图，是以神物在前，而不知一为鉴赏，良可慨也。”“今瑞云峰虽沦于粪壤，犹幸尚存，可望将来之高雅君子重为鉴赏，辟其地而珍护之也。”

乾隆四十四年（1779），苏州织造全德将瑞云峰移置织造府行宫西花园内，以供宸赏。织造府址，即今第十中学，瑞云峰至今尚在，只是与周边环境不能搭配，森森然一大石而已。

冠云峰故事

徐泰时榆绣园中有三石，均为花石纲之遗。冯梦祯《快雪堂日记》卷十记万历二十六年（1598）九月二十日，“游榆绣园中，规制甚宏而少宛曲清远之致，独朱勔所遗花石纲石三枚为最奇”，其一瑞云峰，另外两石，冯梦祯未记其名。后世则三石各有其名了，顾震涛《吴门表隐》卷一说：“瑞云、紫云、观音三峰，玲珑高耸，宋朱勔所得，后归郇阳董氏，移置东园徐氏。瑞云峰，乾隆四十四年移之织造府西行宫内；紫云峰，久失；观音峰，今屹立半边街踏坊外。”所谓观音峰，即冠云峰。

清初，榆绣园散为民居，分而析之。嘉庆初年，刘恕购得园之大部，修葺寒碧庄，独遗东部一区，仍为踹坊所占，而冠云峰就在园外踹坊的庭院里。

叶廷琯《鸥陂渔话》卷三“观音峰”条说：“‘顽云堕地尚巍然，雨溜苔穿不计年。欲问平泉兴废事，夕阳无语下层巅。’此程序伯廷鹭为余作《东园访石图》题句也。东园相传是前明徐太仆别墅，距上津桥西北半里地，久废为踹坊，皆布商所佣蹋布者居之。墅中旧有奇石曰观音峰（疑是‘冠云’之讹，以石巅高耸四展如冠也），高逾三丈，极嵌空瘦挺之妙。刘蓉峰观察丈恕寒碧山庄与之邻，丈故有爱石癖，尝欲移置庄中，未果，至今屹立踹坊檐外，所与伍者，残甃败甓而已。闻其地本有二石，其一瑞云峰差小而玲珑过之，亦名缀云，徐太仆移自洞庭王文恪别墅者，见姜绍书《韵石斋笔谈》。乾隆某年，尚衣使者辇峙城中行宫，获邀宸赏。而观音峰以过巨见遗，殆可以《感士不遇赋》移赠者矣。贝子木青乔曰，向见李客山《归咏堂杂缀》，纪此峰本宋花石纲所遗，自缥缈峰辇运至此，适朱勔事败，遂未入艮岳云云。据此则前后两遭屏弃，此石之遇，真可谓蹇矣。”

冠云峰之所以又称观音峰，以其形似也，特别是顶石，呈围合状，很像妇女的风帽，帽后沿披至颈后肩际，故人称其为观音兜，道光某年被大风吹落。韦光黻《闻见阐幽录》说：“半边街即东园里故址，有石特立三四丈，俗称观音峰，旧属徐冏卿园中物，其瑞云峰已移入郡中行宫，此石弃置踏布坊隘巷，夭矫特立，意态雄杰。前年有旋风起，忽失其上石顶，俗称观音兜者，后亦无他异。”观音兜既已失去，与观音的形象就很难联系起来了。

咸丰十年（1860），苏城遭太平军兵燹，阊门外几成废墟，唯刘氏寒碧庄意外地保存下来。同治十二年（1873），寒碧庄为武进盛康所得，设龙溪盛氏义庄，买田数千亩，以济宗族，又重葺园中诸构，于光绪二年（1876）竣工。主人因袭刘园之名，谐音改名留园。俞樾《留园记》记下了这一变迁：“咸丰中，余往游焉，见其泉石之胜，花木之美，亭榭之幽深，诚足为吴下名园之冠。及庚申、辛酉间，大乱猝至，吴下名园半为墟莽，而阊门之外尤甚。曩之阛城溢郭、尘合而云连者，今则崩榛塞路，荒葛罥涂，每一过之，故蹊新术，辄不可辨，而所谓刘园者，则巍然独存。同治中，余又往游焉，其泉石之胜，花木之美，亭榭之幽深，盖犹未异于昔，而芜秽不治，无修葺之者，兔葵燕麦，摇荡于春风中，殊令人有今昔之感。至光绪二年，为毗陵盛旭人观察所得，乃始修之平之，攘之剔之，嘉树荣而佳卉茁，奇石显而清流通，凉台燠馆，风亭月榭，高高下下，迤逦相属。春秋佳日，观察与宾客觞咏其中，而都人士女，亦或掎裳连袂而往游焉。”吴云为题“留园”额，跋曰：“苏州富庶甲天下，金阊门外尤称繁盛。庚申变起，环数十里高台广厦，尽为煨烬，惟刘氏一园岿然独存，天若留此名胜之地，为中兴润色也。顾十数年来，水石依然，而亭榭倾圮。吾友盛旭人方伯僦寓吴门，慨园之将废也，出资购得之，缮修加筑，焕然一新。比昔盛时更增雄丽，卓然遂为吴下名园之冠。工既竣，方伯谓园久以刘氏著称，今拟仍其音而易其义，仿随园之例，即以留园名。属为书额，因并记其缘起。时光绪丙子秋八月，归安吴云识。”

盛康得园后，冠云峰仍在园外，光绪十四年（1888）至十七年，增辟东部和西部，方将冠云峰一区纳入园中。朱紫贵《刘光珊属绘东园访石第二图并题》小序说：“寒碧山庄昔为余师刘竹溽先生旧居，饶泉石花木之胜。园东有宣和花石纲所遗冠云峰，曩有民居数百家绕之，虽大力者不能徙，竹师乃于园东筑楼观之，曰望云也。咸丰初，余从竹师习六法，频登斯楼，老友叶调翁作《东园访石图》，今弹指五十余年，竹师、调翁墓木拱久矣。庚申乱后，园归盛氏，冠云峰前之数百家亦化为荒烟蔓草，惟此峰岿然独存，盛氏复购得之，爰辟园墙规进之。"潘敦先《留园兰社口占》有云："名园旧迹石林留，曾记童年撰杖游。此日冠云峰下立，落英芳草动人愁。"自注："石林小院为留园旧迹，幼时侍先大夫游，到此已止，今东西两园及冠云诸峰皆后来展拓。"

光绪十八年（1892），俞樾作《冠云峰赞》，序说："盛旭人方伯买刘氏寒碧山庄而葺治之，名曰留园。园之旁有奇石焉，所谓冠云峰焉，方伯以善贾得之。张子青相国时抚三吴，手书'奇石寿太古'五字以赠。岁在辛卯，购得其前之隙地而筑屋焉。嗟乎！此一石也。刘氏曩时不能有，而方伯始有之，方伯虽有之，历二十余年之久，而后此石始入于园中，自兹以往，长为园中物矣。太古之寿，其验于此乎。因为之赞，以贺其遭。"这篇赞序录自《春在堂杂文》五编八，文字与留园林泉耆硕之馆屏刻稍异。

冠云峰入园，为园中又添一景。据宣统二年（1910）郑恩照绘《苏州留园全图》标注，环绕冠云峰，南有鸳鸯厅，北有仙苑停云楼，峰东有冠云亭，峰下辟浣云沼，沼西建冠云台。鸳鸯厅面北匾曰"林泉耆硕之馆"，面南匾曰"奇石寿太古"。正间脊柱间置六扉银杏木槅屏，面北屏上刻俞樾《冠云峰赞》，款署"光绪壬辰夏仲，德清俞樾撰，三韩惠荣书"；面南屏上刻《冠云峰图》，款署"壬辰五月廿日同人集怡园，廉夫、心兰、墨畊与窸斋合作"，廉夫是陆恢，心兰是金冷香，墨畊是倪宝田，窸斋是吴大澂，都是晚清苏州文化名流。由东部一区的营建和装潢来看，盛康对冠云峰确实珍爱有加。

网师园《刘招》碑考述

卜复鸣

网师园“竹外一枝轩”轩西的游廊山墙上，有晚明黄道周撰书的《刘招》四方书条石(习惯称作《刘招》碑)，目前对于这四方书条石的研究较少，现将在当前研究成果的基础上，进一步加以考释。

一、《刘招》之名考述

《刘招》是黄道周拟《招魂》而作的一篇作品，载《黄漳浦集》卷三十六。

黄道周(1585—1646)，字幼玄，一作幼平或幼元，又字螭若、螭平，号石斋，福建漳州府漳浦县(今福建漳州东山县)人，“家贫业农，事亲以孝闻”(《明史·黄道周传》)。天启二年(1622)进士。历官翰林院修撰、詹事府少詹事。南明弘光朝任吏部左侍郎、礼部尚书，隆武时，任吏部尚书兼兵部尚书、武英殿大学士。后自请率师抗清，于婺源兵败被俘，殉节于南京，赐谥忠烈，追赠文明伯。黄道周为明季著名学者，博通经史，理学、经学、诗文成就卓然自成一家。

通读《黄漳浦集》中《刘招》之文，通篇未及所招之人，只有题目中涉及一“刘”字，故而《刘招》之名也就不明就里了。

然而将网师园《刘招》碑与《黄漳浦集》比较，发现前者虽空缺一“虏”字，却多出一段跋语，云：

“右刘招为刘鱼公作也。鱼公既远出，久而不归，念其才行之美，室人怀思，因作是篇云。乙亥秋九月，道周书。”（图1）

可知其所称的《刘招》，其实是“招刘”，所招之人即刘鱼公，因其久游不归，念他是一位具有才智和德行之美的君子，所以招他早点回家。其署款“乙亥秋九月”，说明该文作于乙亥秋九月，即崇祯八年（1635）。黄道周楷书远师钟繇，且更显清秀、飘逸（图2），据徐明《记苏州网师园内黄道周〈刘招〉碑》等考论，《刘招》碑之文确为黄手书之文勒石，《黄漳浦集》却将《刘招》一文的跋语删除了，所以《刘招》之名有点不知所指。

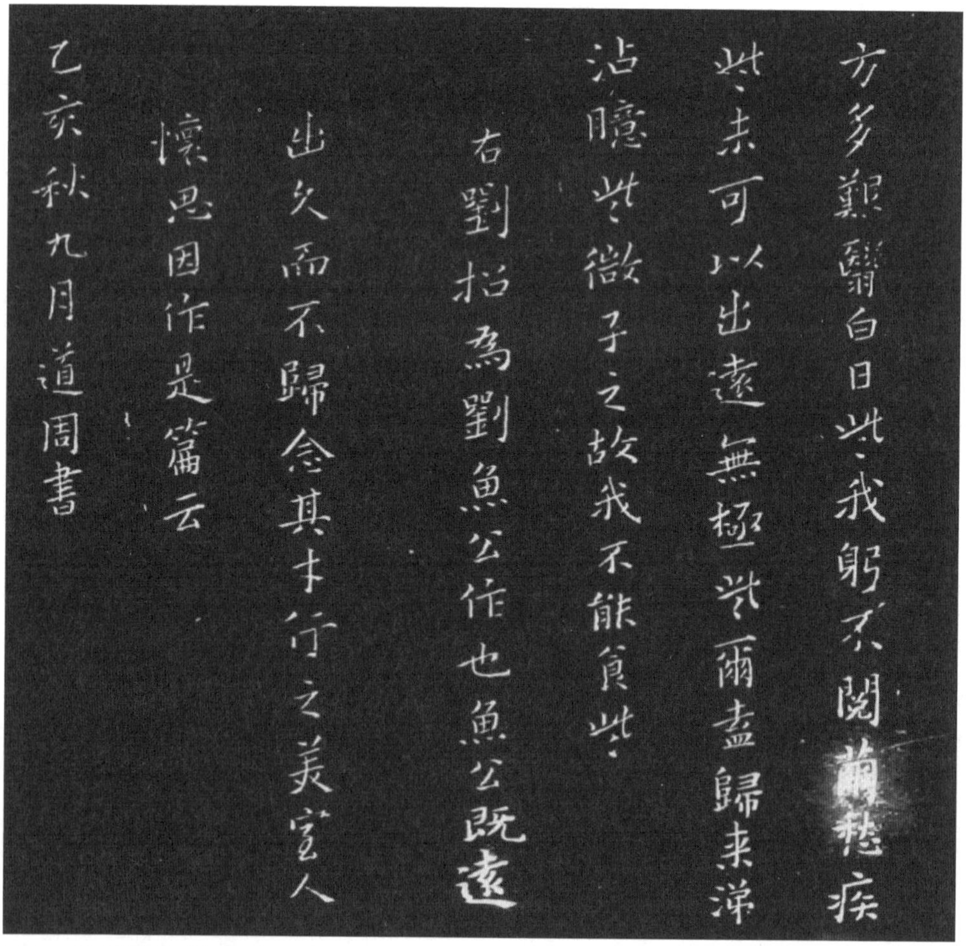

图1　网师园《刘招》碑跋文

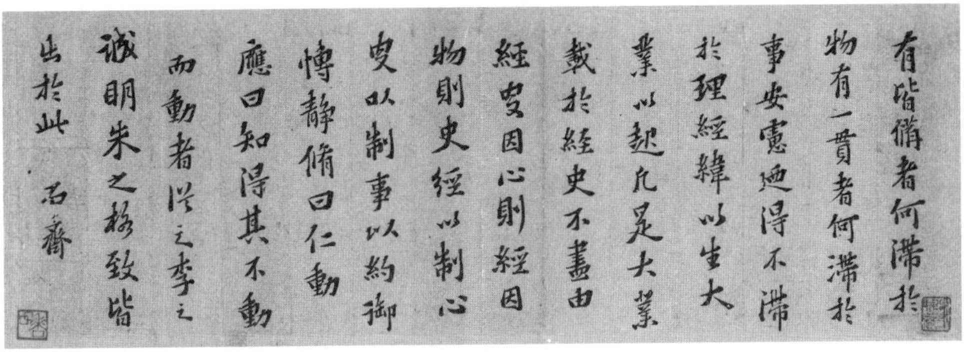

图2　黄道周《宓衍堂铭》（香港中文大学文物馆藏）

那刘鱼公又是何方人物？据陈良武《黄道周〈刘招〉考论》，刘鱼公即黄道周门生刘履丁。

钱谦益《书黄宫允石斋所作〈刘招〉后》说：“漳浦刘渔仲挟策游吴，经年未归。黄宫允石斋作《刘招》以招之。其文仿《大招》《招魂》，而其缠绵恻怆起兴于朋友，而托谕于君臣之间，则亦屈、宋之遗也。”从中可知，这篇仿屈原《大招》的《刘招》是因为刘渔仲“挟策游吴，经年未归”，借屈原、巫涓为景差招魂之事，故而招其未死之魂。

黄道周《与杜郡伯书》说：“畏友刘鱼公者，草莽之鸾鳞，人伦之侨肸，方今郡邑罕见其畴。……晚交履丁如饥得刍豢。”黄道周把刘鱼公喻为春秋时以才智见誉于世的公孙侨和羊舌肸，是郡邑中很少有人与之匹敌的人才，晚年与之相交，就像饥寒中得到肉食一样，其求贤若渴之情可见一斑。黄宗羲《明儒学案·忠烈黄石斋先生道周》说：“庚辰，江西巡抚解学龙疏荐地方人才，谓先生堪任辅导。上怒其朋比，逮先生及解巡抚廷杖之，下刑部狱。”庚辰即崇祯十三年（1640），此事因江西巡抚解学龙向朝廷举荐黄道周而起，被陷黄道周、解学龙朋比结党。黄道周下刑部大狱。此案牵扯甚广，涉及文震亨、刘履丁、董养河诸人。黄道周《京师与兄书》说：“在北寺五月余，拷打讯问四五次，备极惨毒。……扯六七人，使黄、陈、文、董皆系刑部，而杨机部、刘鱼公犹未见回话。”（《黄石斋先生文集》卷五）“黄、陈、文、董”即编修黄文焕、吏部主事陈天定、中书舍人文震亨、工部司务董养河，杨机部即曾问业于黄道周的杨廷麟，可知刘鱼公就是其门生刘履丁，而鱼公则是黄对刘的敬称。

刘履丁（1597—1645），字渔仲，福建漳浦人，善诗文，书画精绝，并擅篆刻。

关于刘履丁的书法和篆刻，周亮工《赖古堂印人传》将其列于“附印人姓氏”中，卷二《书黄济叔印谱前》说：“故黄子环、沈鹤生出，以《款识录》矫之。刘渔仲、程穆倩复合《款识录》大小篆为一，以离奇错落行之，欲以推倒一世，虽时为之欤，亦势有不得不然者。”卷三《书黄子环子克侯印章前》说：“漳浦黄子环枢，以图章名，凡金石典册，靡不精研辩证，其谱名《款识录》。……漳浦黄先生绢素箑子上所用图章咸出于子环手。刘渔仲以此道名，而其源实出于子环。”由此可知，黄道周所用之印多出黄枢（字子环）之手。刘履丁的篆刻是师法同乡黄枢而加以变之，其风格“以离奇错落行之”。冒襄《书许默公印谱后》说：“余生平尚友天下，得古篆真学者有二人焉，不可不借纪于此。一为先友南海孝廉熊羽人先生，一为兄事漳海刘渔仲刺史。……渔仲书法结胎于元常古肥，自二王以下，无不纵横，奇宕入之。其人之高奇卓荦，超凡脱俗，如徐福、王猛、张仲坚、辛稼轩之流。而古篆之学，尤气骛神龙，遂能包举千古，贯串金石，遣笔用锋，直下无侧。诚所谓生阴阳，立形势，故势来不可止，势去不可遏。若日月云雾，若虫食叶，若利刀戈，纵横皆有意象。至其痛快淋漓，挥霍如意，则渴蛟饮镞，狞虎斗猎，又飞鸟出林，惊蛇入草，一落笔，便已划穿石骨，浓墨一缕，恰在中心。捉刀时，翻似危襟正书，勒鼎摩钟，云雷脱腕。至今余所收藏老坑旧冻名章，上拟子行松雪相比，下亦不失为文、何。”（《巢民文集》卷三）可见刘履丁的书法，结胎于汉末三国时的钟繇（字元常），这也是其师黄道周所宗之体，刘对于“二王”以下书法，无所不及。其印章则上可与元代吾丘衍（字子行）、赵孟頫（号松雪道人）相比，下也不低于文彭、何震，对他评价甚高。

熊文举《侣鸥阁近集》卷二《书刘伯宗尺牍后》说：“崇祯丁丑、戊辰间，行保举征辟之典，一时名士集阙下待试，吏部试日，合四司阅卷，家宰、少宰总裁，上上卷授知州，上卷知县，次府县佐。……予取上上卷为刘渔仲，皆定知州。亡何，士业选得晋州，渔仲选得郁林州，皆不展其材而去。”崇祯丁丑即崇祯十年（1637），熊文举将刘渔仲应试之卷定为“上上卷”，授郁林（今广西玉林）知州。钱谦益《漳浦刘府君合葬墓志铭》说：“漳浦刘履丁以诸生应辟召，擢郁林州知州。”赴任时，时人多有诗文相送，如程嘉燧《藕耕堂诗》卷下之《口占送刘渔仲之郁林任》："兼霞杨柳送双旌，五岭宜人独桂城。今日逢迎满天地，不须君到自题名。""皆不展其材而去"大概是不能展现自己的才学而离职。此后生平事迹多已湮没无闻。

屈大均《皇明四朝成仁录》卷七《嘉兴起义诸臣传》说："刘履丁，字渔仲，漳州人，大学士黄道周高弟，聪明绝人，字画篆刻，皆极其妙。……崇祯年间以贡为郁林知州。见天下方乱，致书友人曰：'孔贼犯天津一月而弑两藩，吾辈不□□所矣。'因研究诸家兵法。至是与石麒等起义，敌至，为仇所刺，并杀其子，以降。"顺治二年（1645）闰六月，清兵在嘉兴等地限汉人十天内剃发易服，激起民变，刘履丁在嘉兴与徐石麒等起义反清，最后为仇家所刺杀，可谓"壮志未酬身先死"。钱澄之《藏山阁诗存》卷三有《三吴兵起纪事，答友人问（甲申、乙酉）》诗记其事："昔迎戎师至，兵骄马亦疲。三吴望风附，弓矢弃不持。刘生（名履丁，闽人）总戎客（陈洪范），船插使清旗。泊船秀水（属浙嘉兴府）上，奔竞人恐迟。刘生不肯仕，心识发且披。剃发令朝下，相顾为发悲。三吴同时沸，纷纷起义师。争言舟楫利，长技不得施！刘生奔武水，父子就诛夷。……嘉禾一夜破，嵩江累卵危。乞师镇南垒，摇手不可为。如何十万兵，曾无一矢遗！括饷既以饱，海口潜奔驰。海口窄不出，铁骑追及之。可怜熊虎姿，尽为鱼腹尸。三吴遍焚戮，试问戎首谁。"陈洪范是辽东人，《明史·孙元化传》说他"与吴三桂同里戚谊"，崇祯年间官至总兵。在嘉兴府秀水县与清军谈判，降清，后又奉清军之命在嘉兴招降，"逢人劝降，名活秦桧"。顺治三年（1646）病死于北京。

二、刘履丁与吴中文人交游考

刘履丁是被誉为"学贯古今""不愧一代完人"的晚明学者黄道周的弟子。苏州商贾辐辏，文化发达，又是北京、南京到福建的必经之地，因此闽人北上赶考，与吴地文化圈多有交集。他们也往往借着同乡的介绍和引荐而迅速进入同一个交游圈，刘履丁就这样，跟随着黄道周进入吴地文化交游圈。

钱谦益（1582—1664），字受之，号牧斋，晚号虞山老民、蒙叟、东涧遗老等，常熟人。黄宗羲尊其为"四海宗盟"。明万历三十八年（1610）进士。历官礼部侍郎。福王时，为礼部尚书。清兵渡江，围南京城，钱出城迎降。顺治三年（1646），授礼部侍郎，任职五月而归。钱谦益和黄道周同朝为官，虽然后来两人走上了决然不同之路：钱跪降清；黄誓师抗清，被俘殉节。但黄道周对钱谦益的治史才学十分推崇，说："虞山尚在，国史犹未死也。"而钱谦益则把黄道周看成"执友"。因此，刘履丁因黄道周引见，与钱谦益相交也是顺理成章之事。钱谦益《漳浦刘府君合葬墓志铭》说："余之知履丁以其师。"证明了刘履丁与钱谦益的交游是其师黄道周的引荐结果。钱谦益《秋日杂诗二十首》其十九云："吾徒刘渔仲，漳海一怪民。石斋礼法人，天刑戒谆谆。尊己卧百尺，藐人直半文。但求一人知，不顾举世嗔。洒泣作《刘招》，未死招其魂。西陵短冯生，卓荦亦等伦。乱世干网罗，佣雇全其身。举举鲜华子，蒙头灰涸尘。吾衰失二子，跉跰嗟半人。冯生盍归来，从我东海滨。"由此可知，《刘招》是黄道周招刘履丁，而且刘还是钱谦益之门生。钱身为文苑宗师，尤喜奖掖后学，刘履丁因其师黄道周的推介，后又拜入了钱谦益门下。钱谦益有《次刘渔仲留别韵》二首云："南国犹残半月春，东亭共怆百年身。与君作别难成醉，欲赠将离始觉贫。黄卷秋灯烧尾客，绿窗朝日画眉人。兰台好献雄风赋，莫漫微词及宋邻。""赤麋铜马逼淮徐，老屋三间幸著予。坐甲裹粮师日老，拂衣掷砚计全疏。庙堂钩党谙弧矢，郡国求金急羽书。早办枚皋传檄手，莫夸词赋似相如。"从这两首留别诗中可以看出，钱谦益对刘履丁的期许和评价还是极高的。钱谦益有《丙子中春日，茂苑相公、谢政遄归，招邀燕赏，余与其仲启美、张异度、徐九一、刘渔仲追陪信宿，游虎丘、支硎诸山记事四首》。丙子即崇祯九年（1636），中春即二月十五日。从诗题中可以看出，刘履丁从钱谦益游应该与上述一干人有所交集。

文震孟（1574—1636），字文起，别号湛持，长洲人，文徵明曾孙，与黄道周为天启二年（1622）同榜进士，《明史》有传。崇祯八年（1635）升少詹事，旋晋礼部侍郎兼东阁大学士，十月罢归。次年中峰大殿落成，文震孟题中峰禅院额，钱谦益应邀而游，刘履丁随钱陪游，同宿支硎山中峰院。钱诗注中注明二月十四日游虎丘，十五日游支硎山苍雪法师的中峰院。苍雪即苍雪读彻，其师一雨通润与文震孟当为至交。《四首》之三"为问把茅寻石室，莫因渫井叹寒泉"，下有诗注："茂苑与苍雪法师有结茅之约。"

文震亨（1585—1645），字启美，文震孟之弟，长洲人。天启六年（1626）选为贡生，以“善琴供奉”。崇祯年间为中书舍人，武英殿给事。著有《长物志》《香草诗选》《文生小草》等。文震亨与黄道周为同朝好友，据《明史·黄道周传》记载，当黄“逮下刑部狱，责以党邪乱政，并杖八十，究党与。词连编修黄文焕、吏部主事陈天定、工部司务董养河、中书舍人文震亨，并系狱”。钱谦益《列朝诗集小传·丁集》说：“董养河，字叔会，漳州人。……丁丑岁，待诏长安，与黄孝翼、刘渔仲偕游于吾门。闽人而吴学者，三子也。”可知董养河、黄孝翼、刘履丁三人皆为钱谦益门生，文震亨与闽人黄孝翼、刘履丁等都有交集。刘履丁和文震亨等经常出入于秦淮风月场所，尤其是顾眉的眉楼，并有诗记其事，如文震亨《看眉生画兰》四首之一：“秦淮娇艳写幽花，一笔从无带浅沙。应是不为荆棘地，但怜丛叶长新芽。”之二：“双钩已胜马家湘，墨叶分明是子昂。亲见吮毫长久态，妒他笔亦近脂香。”马家湘即马湘兰，以画兰独著，而文震亨认为顾眉的双钩兰花已经胜过了马湘兰。文震亨《题黄孝翼盟丈浮园》云：“倦游聊结小团蕉，筇屐萧闲已挂瓢。姬媵但容梅作诗，尊罍时与竹相邀。皇居云物瞻双开，名士风流慕六朝。却笑尔家玄太史，漫从千里寄《刘招》。”自注：“黄幼玄先生赋《刘招》以规渔仲之游。时同寓南中，皆闽人也，故及之。”这是文震亨南游闽中，在黄孝翼浮园所题之诗。文人倦游萧洒闲居，向往六朝名士风流，而黄家玄太史黄道周却赋《刘招》，要将“挟策游吴”的刘履丁招归，究其缘由，是游学吴中的同时，还出入秦淮。余怀《板桥杂记·轶事》说：“岁丙子，金沙张公亮、吕霖生，盐官陈则梁，漳浦刘渔仲，如皋冒辟疆，盟于眉楼。则梁作盟文甚奇，末云：‘牲盟不如臂盟，臂盟不如神盟。’”《同人集》卷九冒辟疆《往昔行跋》亦有同样记述：“适余与陈则梁、张公亮、吕霖生、刘渔仲四兄，刑牲顾楼。”丙子即崇祯九年（1636），张明弼、吕兆龙、陈梁、刘履丁和冒辟疆结盟于顾眉的眉楼。崇祯十五年（1642），“秦淮中秋日，四方同社诸友感姬为余不辞盗贼风波之险，间关相从因置酒桃叶水阁”（冒襄《影梅庵忆语》），四方同社诸友陈梁、魏学镰、李雯、李子建、魏允柟等与小宛旧院姊妹顾媚、李大娘在桃叶渡水阁刘履丁寓馆，演阮大铖《燕子笺》。《板桥杂记·轶事》说：“钱虞山于节度，刘渔仲为古押衙，故云云尔。辟疆老矣，一觉扬州，岂其梦耶！”将钱谦益、刘履丁比作于节度和古押衙（唐人薛调

《无双传》小说中的人物，是仗义舍生的义士），尽力为董小宛脱籍，从而促成了冒襄和董小宛的婚事。

张世伟（1568—1641），字异度，号泌园老人，吴县人，万历四十年（1612）举人，出新城王象春之门。屡应会试不第，《明史》称其与周顺昌、文震孟、姚希孟、朱陛宣为“吴门五君子”。与文震孟甥姚希孟为儿女亲家，卜居吴门渌水园，乡人称孝节先生。著有《自广斋集》十六卷，卷首有崇祯十一年（1638）方震儒序，邵弥书；另有《周吏部纪事》一卷。张世伟在胥门内朱家园购得陆刺史小圃二十亩，地之渌水园上。自作《泌园记》说：“楼初成时，前望五柳见顶，后望园中花木亭台位置楚楚可观。”园中之物“皆是当年渌水园物”，渌水园为元代陈惟允、陈惟寅兄弟在北宋朱勔同乐园旧址上所建。倪瓒在《陈惟寅僦屋疏》中记述有陈氏兄弟主动借宅给兵败后无钱租住的饶介之事。张世伟又在园中建自广斋，“张子自得胥关废圃之岁，即欲以自广名斋，盖取贾傅长沙时赋鹏以自广其意云也”（张世伟《自广斋记》）。

徐汧（1597—1645），字九一，号勿斋，长洲人。年幼丧父。崇祯元年（1628）进士，改庶吉士，授检讨中允。黄道周被贬，汧上疏颂其贤，自请罢黜。迁右庶子，充日讲官。福王时召为少詹事。清兵陷苏，其在虎丘新塘桥下投水死，谥文清。

徐霞客（1587—1641），名弘祖，字振之，号霞客，以号行于世，江阴人。徐霞客五次入闽、三至漳州，其族叔徐日升任漳州府推官，拜访黄道周，在崇祯五年（1632）秋七月，在常州丹阳道上再次相会，并与黄道周、陈仁锡同游太湖，“泛舟洞庭”，同宿上方山（楞伽山）。钱谦益《徐霞客传》说：“余之识霞客也，因漳人刘履丁。履丁为余言：‘霞客西归，气息支缀，闻石斋下诏狱，遣其长子闲关往视，三月而返，具述石斋颂（讼）系状，据床浩叹，不食而卒。’其为人若此。”最后又说：“霞客死时，年五十有六。西游归，以庚辰六月卒，以辛巳正月葬江阴之马湾，亦履丁云。”从中可以窥见刘履丁与徐霞客的关系。

刘履丁师从黄道周，又随钱谦益游学苏州等江南地区，应该交游甚广，如黄道周与张溥、陈子龙、吴伟业、陈仁锡等，钱谦益与苍雪等过从甚密，但刘履丁是否与他们有所交游，尚有待进一步发掘资料。安徽桐城人蒋臣《送刘渔仲擢郁林序》说：“予所交若刘子渔仲，漳海间奇士也，为石斋先生高足弟子。其入吴也，吴中贤士大夫莫不交欢恐后，而予友牧斋先生首礼下之。其来留都也，虽复邹枚之游梁、士龙之入洛，但有过之无不及也。”刘与复社士人相往来众多，而“吴中贤士大夫莫不交欢恐后”，与苏州的文人圈交集，应该远远不止以上所述数人。

三、网师园《刘招》碑考述

《黄漳浦集》之《刘招》文中的“北方不可以游，北方寇虏，折骨如柘”（图3），在网师园之《刘招》碑中将“虏”字空缺（图4），应该与清代文字狱有关。历史学家陈垣先生说：“清之避讳，自康熙皇帝之汉名玄烨始，康熙以前不避也。雍乾之世，避讳至严，当时文字狱中，至以诗文笔记之对于庙讳御名，有无敬避，为顺逆凭证。”清初因政权尚未稳定，顺康时期以镇压反清复明为主，雍正时亦以打击朋党异己为多，对于知识分子以收买控制手段为主。当政权稳固后，则以严酷手段消除“反清反满”民族意识，如乾隆四十一年（1776）下令禁钱谦益、屈大均等的书，焚毁书版或销毁书籍。“若刘宗周、黄道周，立朝守正，风节凛然，其奏议慷慨极言，忠荩溢于简牍，卒之以身殉国，不愧一代完人”，则对字句违碍处加以修改，不必销毁。对是否“敬避御讳”作为“顺逆凭证”，如沈德潜进献《国朝诗别裁集》时，高宗斥责道：“甚至所选诗人中，其名两字俱与朕名同音者，虽另易他字，岂臣子之谊所安。”凡有涉及北方边疆少数民族的事迹如虏、胡等，都要抽毁或毁禁。乾隆虽将黄道周等称为“不愧一代完人”，不禁其书，但其违碍之字加以修改则是必须之事。网师园《刘招》碑空一“虏”字，当与乾隆时严酷的文字狱有关，嘉庆后文字狱则已经很少。

宋宗元建网师园，正值文字狱最严酷的时期。据笔者考证，园当建于乾隆七年（1742）。褚廷璋《网师园记》说：“迨乾隆丁未秋，奉讳旋里，观察久为古人，园方旷如，拟暂僦居而未果。”乾隆丁未即乾隆五十二年（1787），褚氏这一年因奔丧回到苏州，想暂时租借网师园居住，未果。此时园已开始衰败。至乾隆末，网师园已是“乔木古石，大半损失，惟池水一泓，尚清澈无恙”（钱大昕《网师园

約則多愆傷局自爽蠹揭足與濟惡豗而就厲爾盍歸來春秋
之不可遑數徙之松嶺南去類羌於今而不懋將及於黃土爾
盍歸來少居性親宅人異心田父莠驕交多乪銷爾盍歸來遠
方之人不可與謀屈原聞之歎曰是其辭綮而不曠吾不能復
用巫涓也乃重招曰爾盍歸來東方不可以游震澤之天吳摩
牙欲噬我貙西方不可以游峨嵋之虎兜摩牙欲噬我貙爾盍
歸來天上不可以游天上九關一關九虺後猊十犬鉤爪電手
唅金沒鼻嗜火如酒爾盍歸來地下不可以游地下之昏昧層
淵重湫蛆蚓之爭鬪如奔牛鬼窮骨酸常啼啾啾南方不可以
游南方之熱熱而愈下北方不可以游北方寇虜折骨如樵刲
婦槊孺斮彼娃腑以鬭纖姱爾盍歸來四野之清皐無如我鄉
鴛鷃偶鴟鸞為鴉皐鯱鯀鰍鯖佩蘭以芳錦竹文犀遠郊連垧

图3 《黄漳浦集》之《刘招》“寇虏”字

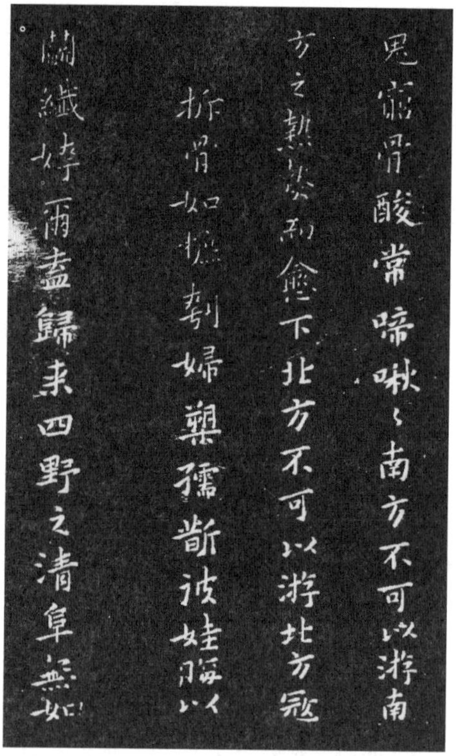

图4 网师园《刘招》空缺“虏”字

记》），而《刘招》碑的出现，正与宋宗元建网师园的时间相吻合，应该是刻于这一时期。

宋宗元自号梅花铁石主人，当时网师园内有梅花铁石山房、尚絅堂等，他在园中潜心著述，有《巾经纂》二十卷、《识字略》十卷、《网师园唐诗笺》十八卷，还参与校订秦蕙田《五礼通考》等。乾隆时期大兴文字狱，一些知识分子明哲保身，金石之学和智慧类之书大行其道，如《巾经纂》就是仿刘义庆《世说新语》体例之书，全书分为仁、义、礼、智、信五帙，“足以益智囊而长慧力，洵为经世之师资也”（施镰《巾经纂》序），教人以行为修养而处世。同时高宗又用黄道周等“一代完人”笼络人心，用传统的伦理道德约束世人。因此，宋宗元将黄道周《刘招》之晦涩之文勒石上墙，当属情理之中。而瞿远村购得网师园并重建落成，已是乾隆六十年（1795）。瞿远村从小废学，随父从商，“远村平生，冲夷恬淡，不涉时俗，与山水之缘相称，固所谓能暨其实者，而复不欲以气力掩抑前人，吾又以知远村之不没网师，而因以著传于后无疑也”（褚廷璋《网师园记》）。他一生忙于应酬，不计心于道德文章，故不太可能刻晦涩的《刘招》之文。嘉庆之后，文字禁锢松懈，也不必缺一“虏”字。如本文所提及的《黄漳浦集》，即刻于道光十年（1830）。由此推断，《刘招》碑应是宋宗元网师园时期所刻，褚廷璋说：“远村于斯园，增置亭台竹木之胜，已半易网师旧规。”该碑即为“网师旧规”之物。

园林中的大理石屏

蒋　晖

一、云石背景

大理石，产自云南点苍山，自从被发现具有自然的山川日月景致，开采打磨，装入屏风，明代以来几乎成为贵重家具的代名词。

江山万里，浓缩一屏，是园林、书斋里文人清梦的物化寄托，出生于明成化年间的苏州人顾元庆，隐居大石山（今阳山南），将宋林洪《文房图赞》总结的十八件器物，按照“文房十友”架构重新排序，第一次将“端友”即石屏，列为“十友”之首。大理石屏取代了林洪文房排序第一的“毛中书（笔）”，在诸多文玩器物序列中，被提升至最高等级。古人著述必用毛笔，其是书房中最核心之物，在文房器物中，笔排名首位，林洪的考量非常准确。林洪将毛笔安排在文房第一的位置，这里所隐喻的“书写—著述”功能，到了顾元庆所处的时代，却一转为书斋清赏的石屏所隐喻的“观看—观想”，意味深长。

不仅文化层面，还有消费上的意义。

英国艺术史学者柯律格曾说，在明代艺术品市场，社会群体通过对奢侈玩物的获得追求“身份认知”，如《金瓶梅》中西门庆不惜重金从显宦之家购买大理石屏，就印证了这一观点。

明代中期以来，漕运顺畅，江南经济繁荣，书画收藏大热，社会风气奢华，南北两京高官，苏锡一带文士，能从距离中原万里之遥的云南，获得一具被慧眼选出的上等石屏，并有为之品评题名的机会，事关受赠人的地位，是世俗身份与文化权力获得的双重肯定。拥有这一最新被创造出来的珍玩，如此方物之馈赠与获得，足可彰显主人风雅，身份不凡。《天水冰山录》抄没严嵩家产的名册上，有数量众多的大理石屏，属于不得变卖而必须直接充入大内的珍品。

总之，明代中叶是收藏大理石屏的发轫时期，大理石屏属于非常罕见贵重之物，因为没有所谓实用性，其属性更为珍贵。

苏州园林与大理石有什么关系？

我们注意到，明代中期这个时代，也正是苏州私家园林大规模建造的肇始期。明代江南收藏风气本浓厚，富裕人家无“倪画”不足称世家，大理石屏在当时集绘画与奇珍于一身，虽不能与三代古物相抗撷，亦是人间不凡之物。晚明江南苏州繁华之地，高官、富豪、文人云集，造园之风盛行一时。恰好此时，云南点苍山大理石虽然与内地遥隔万里，从明代中叶开始逐步输入、流行于内地。

苏州园林中，现存的古代大理石屏，数量之多，在全国首屈一指，这是很独特的一个现象。大理当地的收藏家、研究者，还有在一线开采、加工的白族石农，他们通过不同方式，或多或少都了解到苏州园林古代大理石屏的收藏品。他们一致认为，这些古代大理石屏，质量之高，画面之美，尺寸之大，都极为罕见。

大理点苍山，十八峰十九溪，风光秀丽，一如当年。为保护生态，当地政府严格执行封山措施。去年我两次去大理考察，还亲自去高海拔的山上矿区（已经封闭）坑洞踏勘，发现这些珍贵矿产资源，目前已得到很好的保护，基本没有再开采，导致市面上生产、销售商户已大为减少。

现存苏州园林的古代大理石屏，品类丰富，题跋高雅，装潢考究，本身是苏州园林陈设的重要元素，对其中文化内涵的挖掘研究，非常有意义。

二、园林陈设

很多外地人来苏州园林游玩，往往不知道各个园林的区别，感觉大同小异，甚至有“不知所谓”之感，认为园林都差不多，千人一面，就是亭台楼阁、假山花木……其实，苏州每个园林都不同。如狮子林，是最早的寺院花园遗址；怡园是晚清时才建造的，属于官僚退隐后的私家园林；沧浪亭年代最早，宋代以来几次重建，清初开始，它隶属于官府，作议事、休闲、宴飨之用。这就决定了这几处园林，不仅建筑规模、结构布局，还有内部的布置陈设，会有共同点，也有差异性。

今天我们如何欣赏苏州古典园林？苏州园林代表传统园林最精髓的部分，不止物质形态的建筑、花木、山石、池塘，尤其作为内部陈设的器物部分，包括家具、书画、碑拓、匾额，都是园林文化内涵的重要内容。这些陈设的器物，往往更能体现园林主人造园的精神状态、文化修养，是今天欣赏苏州园林意境之美，了解园林文化最直接的窗口，可惜这方面的解读、研究，比较建筑学上对园林构图、规划、营造的研究，相对偏弱，因为这其中有很大的难度。

陈设问题，涉及建筑规制、间隔年代、主观审美，还有历史沿革等，错综复杂。结合苏州园林当前的陈设现状，不单从旅游景点的设计思路出发，“豪华就好”，进一步挖掘、考证园林厅堂书斋陈设布置的内在理路，厘清当下这些陈设格局产生的源流、历史，搞清楚每个园林几十年前、上百年前甚至更早的建园期，陈设的一些基础情况，对照现况，梳理考察园林历史文脉，以及不同年代的人文属性，进而根据当年园林主人身份、学识，还原、比对，参详其中的契合度，会是很有趣味的一个课题。

苏州古典园林是活生生的文化遗产，蕴藏极其丰富的文化信息，从中解读文化密码，是中华传统文化最精粹、独特的部分。比如留园的几处主要厅堂，屏风镌刻、长窗花板、匾额楹联等，都属于陈设，晚清部分的陈设，相对保存完整，风貌犹存的不少，这是很难得的。应该充分继承前辈学者、专家的研究成果，及时采访老一代园林工作者，深入研究、挖掘，利用互联网资源与园林典籍文献，审慎融合，与时俱进，推动对园林陈设问题的学术研究，尽最大努力保护遗产。

另外，对推广园林文化来说，“陈设问题”是人类物质文明共通的话题，一如世界各国如欧洲宫廷、教堂、园林的研究，必然包括其器物、规制、文字，而不止于建筑本身，古典建筑所容纳的家具、绘画等陈设，对于理解某一时代、特定地区的文化遗产，以及宅邸主人、营建者、交往人物，都构成解读“文化意义”的重要元素。

通过讲透苏州园林陈设，讲好园林故事，使广大中外游客获知其中内涵，对苏州园林有更亲密而具体的鉴赏体验。

三、拙政园几种大理石屏

拙政园是苏州最有代表性的古典园林，始建于明代正德年间，也是世界文化遗产。

今保存于涵青亭的阮元款大理石屏，三块一组，一圆两长，对联式样。中间的圆石是大理石中“秋花石”石种，上面铭刻有“东坡居士题石句”，就是借用苏轼诗句所描绘的景象，为这块大理石点题。上面还有“芸台”“阮氏”印铭刻，这是很有意思的一个话题。

“芸台”是指阮元，他是清代中后期最重要的一位经学大师，曾注疏《十三经》。他更重要的一个身份，是乾隆以来四朝元老、位极人臣的一个大官僚，高宗晚年钦点为进士，直接安排他进入宫廷整理清点书画，所以阮元的书画修养极高。当时他二十多岁，能进入皇家的书画仓库，这样难得的机缘，空前绝后。

但他不只是文学之臣，高宗通过考察，认为他有大臣之才，预备给皇太子登基后使用。三十岁左右，就派他出去历练，先后出任山东、浙江学政，后来担任浙江巡抚。在山东他娶了孔府的千金小姐为妻，当时这是很轰动的事，娶亲的时候，他已是浙江学政，杭州全城百姓夹道围观迎亲盛事。

阮元做过浙江、江西巡抚，湖广、两广、云贵总督。他之所以任云贵总督，是因为当时云南边境不太平，缅甸方面不时有小动作，窥视云南伺机而动。朝廷派出阮元，就是想倚靠他丰富的军事斗争经验，还有军政外交历练多年的才能。阮元当时年纪很大了，下车伊始，就整顿军务，很快平定了局势，捍卫了祖国西南边疆。军事需要，他曾从省城昆明前往大理阅军，检查防务。这次大理之行，阮元目睹了点苍山出产的大理石，留下了深刻印象，从此开始收藏大理石。巧的是，当时云南巡抚伊里布，正和他志同道合，不仅政务上合作无间，在喜欢大理石方面也是一拍即合，两人点评、交换、欣赏彼此的收藏，更写诗作文，互相唱和。最后，阮元为自己收藏、经眼的几百块大理石，一一做详细的描述，尺寸、花纹、特点，好像乾隆朝编纂《石渠宝笈》的做法。阮元的鉴赏眼光厉害，鉴赏水准极高。他看到天然与人工结合的点苍山大理石，当时就惊讶非凡，之后写了许多长篇诗歌赞美，并提出“石画”的概念。与中国传统太湖、灵璧等造型赏石完全不同，阮元是按照宋元画家的笔墨、构图来欣赏这独一无二的天然石画，这就是后来阮元编纂《石画记》的由来。

大理石欣赏，如前面所讲，明代中叶开始进入中原，徐霞客去大理，游记里详细记录了购买大理石的经历。到了阮元，可以说他是大理石文化的最后总结者，《石画记》所记录的大理石，欧美人见到也大为惊讶，这种画面石与全世界任何其他地方出产的大理石都不一样，唯独大理点苍山才有，外国人称为“dream stone”，就是“梦幻之石”或“梦石”的意思。而中国人的欣赏，以阮元《石画记》一书为总结，将它视为天然的石上古画。“石画”两字，拈出天然奇石与古代绘画的关系，这是从东方早期崇尚自然哲学观的一次进化，尊崇人工假以天工，建立起更严苛的一套审美体系，从历代画家不同风格的绘画语言体系中，一一寻找对应物，或倪瓒，或苏轼，或黄公望、文徵明。阮元的这套体系，继承了宋代以来石屏、砚屏的鉴赏传统，以“画眼”看石、赏石，他既是具备深厚绘画鉴藏修养的文人，也是有得天独厚条件的云贵总督，赏石玩物，学养深厚，轻易拈出其中最关键的画意，赋予天然大理石更多人文、艺术内涵，慧眼参透自然，又刻意在审美上寻求鉴赏模式的建立。

阮元选择、收藏过的大理石屏，剪裁、装框，完全按照古画的各种形制，有手卷，有册页，有大幅的，在上面有题诗、题跋，他一一打稿，确定位置、字体大小、隶书还是楷书，由篆刻高手铭刻入石，俨然图画，这一做法开辟了大理石清赏的全新格局，沿用至今，影响深远。所以大理石屏不仅是“一张画”，通过装框、修饰，或者如中堂陈设，或上壁上墙，或通过复杂工艺配上特制器座，陈设在厅堂条几上，本身也是一种观赏性质的古典家具。

回到涵青亭的“阮元款”大理石屏。这一组石屏属于挂屏，在涵青亭这样的开放空间，与传统封闭式厅堂陈设石屏不同，属于因地制宜。如果是纸质绢帛的书画，无法抵挡风雨，这种石画的优势相对就显现出来。

具体到“阮元款”，因为阮元身份地位崇高，晚清民国时代，市面上有许多

“阮元款”的石屏，落款内容不一，还有许多如“研经老人”“石仙”，几乎可作为一种商品符号标识，真伪难辨，需要仔细鉴别。

拙政园另一处大理石陈设，也是挂屏形式，就是卷云山房所藏两种。

第一种，横幅，七峰连绵的构图，近处画意为水渚芳草，下有屋宇，类似一草亭。如果用国画技法来说，山的画法属于大勾，线条极简，这是天然形成的图案；就石质品种来说，它属于彩花。

要讲这块古石，先得介绍一下大理石的加工情况。

原石开采后，运输下山，由工匠根据经验，分解后凿成片状，然后再切割。每一块石的画面掌握，是最难的部分，需要技巧，更需要工匠懂得客户的审美要求，必须掌握一些基本绘画原理，这是家传之学，构图上要“美”如“画”，不懂画理不行。但不同于画家创作，白纸上自由发挥渲染，大理石的画面呈现，随着斧凿切割、打磨，逐步呈现出不同深浅的颜色、线条、色块，构成图景无法预测，这是口耳相传的家族、行业秘密。也需要工匠在提景环节全神贯注，凭借经验、眼力甚至运气，或大胆切凿，或精细运刀。其中关键的构图部分，如石屏图案的审美、舍取，还是需要按市场标准进行，即市场决定时尚，审美体系的最高标准，应该对应绘画原则，如阮元等人，也是代表当时文人欣赏鉴别大理石画的最高标准建立者。

石画妙在似与不似之间，是现实景观，诸如山水、云雾的忠实摹拟，如同写真相片摄影术。绘画是对现实图景的美学创造，二次创作带有主观性。中国历代画家不同的思想、情感，与之相衬的构图、笔墨乃至风格，带有浓厚的时代、个人色彩，流派纷呈，如宋代山水南北之分，元四家的个性抒情，吴门精致文雅的基调，或海派金石气质的书写。阮元《石画记》中鉴藏的大理石画，无不根据他的主观审美，一块石画因近似某一大画家、某一风格的某一种类型图像而大加赞美，这种选石标准是建立在选画标准基础之上的。

绘画与画面奇石，两者并非完全貌似，而以追求神似为佳，栩栩如生的关键在“如”字。某种程度上，一块石画的品质高低，取决于多大程度神似一幅带有著名画家鲜明风格的作品，而不是一幅随手拍摄下的自然美景“相片”。

理解了这一原则，石即画，就可以继续我们的讨论，且讨论角度几乎全从绘画语言而论。

这块卷云山房藏石最大特点，是全部峰峦勾连成线，一体而成。《石画记》记载，阮元要求石匠制作同样主图山峰时，工匠一定根据古画标准，打磨提景环节，通过切磨深浅以掌控最后的图案。阮元基本采用大勾写意的做法，山峦隐约，大块云气遮盖部分山体，这是文人画山水的模式，妙在留白，给人观赏想象空间。这样类似图案的大理石屏，不论新旧，在今天的大理或外地均仍多见，不算特别珍贵。

卷石山房这块大理石，没有留白，按阮元这个标准，是很俗气的做法，非常具象。

这样，好还是不好？

我读到一篇清人笔记，描写北京一私人园林中置放的大理石屏，文字描述的大理石图景，与此石的情况几乎相同，但在清人笔记里，记述了当时有趣的一个情节：起初此石是按照“阮元标准”，峰峦互不相连，前后远景近景，有透视效果，但有人觉得这样若隐若现的几座山峰，不能勾连成片，也似乎害怕别人看不懂，认为这是缺点，必须笔笔相连，所以特意让人继续打磨，呈现出峰峦连续的景观。审美是主观的事情，一样的作品，甚至一件衣服，一个发型，不同时代、地域，不同文化人群，流行的审美往往差别很大，落伍六十年又是先锋潮流，比比皆是，这里不做判断。

可以认定，卷石山房这块古石构图，制作时，工匠一定也是刻意为之，以适应客户要求，这块古石的史料价值，因此凸显。题外话，晚明时代，对于大理石的提景，人工处理技术上已经相当完备，不止打磨“减法”，还可以通过“点药”来做“加法”，炮制出需要的特定动物肖形，如鹰、虎、飞鸟、日、月等图景，且不限于大理石材质。这类作品存世不少，多数属于民国时代制作。

卷云山房中最珍贵的大理石，是一幅梅花图屏，上有“遐龄八百，介尔眉寿”标识，款刻精彩：“琴香主人素好金石，昨自南归，购得斯石，质白如玉，纹若有形，嘱余为题，即以‘遐龄八百，介尔眉寿’以赠之。时在丁卯仲秋之月，怀米主人秋舫氏记于小石轩。”丁卯是同治六年（1867）。这是一件立幅大理石挂屏，采用银杏木胎髹漆，装框考究。另有木质隔水，刻有梅花灵芝图及诗歌三首，均为大画家金农所作：“冒寒画得一枝梅，却好邻僧送米来。寄与山中应笑我，我如饥鹤立苍苔。”“砚水生冰墨半干，画梅须画晚来寒。树无丑态香沾袖，不爱花人莫与看。”这两首都是金农题画诗。还有一首诗，是金农写给好友汪士慎的，意义不凡：“寻梅勿惮行，老年天与健。山树出江楼，一林见山店。戏粘冻雪头，未画意先有。枝繁花瓣繁，空香欲拈手。”金农画梅、咏梅，集绘画、书法、铭刻于一屏，只为展示此石之珍贵。

这块大理石屏的主人“秋舫”，即曹载奎，晚清苏州著名金石收藏家，家住盘门，他收藏的一件青铜重器“齐侯罍”，就是后来归安吴云“两罍斋”之一的绝世名品，至今犹存。他还有日本出版的收藏青铜器的专著谱录。

画、石一体。如此紧密结合，而且主题鲜明，卷云山房的这块石屏是国内外罕见的特例。尤其装框做法，屏风本身制作考究，工艺繁复，可见当年主人的喜爱和珍惜之情。

汪鸣銮与俞樾

胡伯诚

光绪后期，汪鸣銮与俞樾同住在苏州，为期十年，诗词唱和，交流美食，互慰人生，竟然似乎有朝夕相处的感觉。

俞樾比汪鸣銮大十八岁。道光十九年（1839），俞樾十九岁，汪鸣銮才一岁，他们不是一条船上的人。光绪三十二年（1906）岁末，俞樾去世。光绪三十三年夏，汪鸣銮去世。俞樾享年八十六岁，汪鸣銮享年六十八岁。

汪俞两家是世交

俞樾于道光十五年（1835）就踏进汪家之门，那时汪鸣銮还没出生。

安徽休宁东乡汪村，汪是休宁大姓，汪村主人汪樵邻，“累世富厚，独恂恂无声伎之好”，是一位自学成才的秀才，苦于休宁地居僻远，于子弟教育深有妨碍，乃移家侨寓常州南兰陵。“厚脩脯，丰挚币”，不惜重金，聘请名师。俞樾的舅氏兼丈人姚平泉，以及俞樾的父亲俞鸿渐，就是当年的汪家塾师。俞鸿渐，嘉庆举人，聘请举人作塾师，在当时而言，属于豪举，报酬丰厚，是可以想见的。

道光十五年（1835），俞樾随父馆读，到了常州，与汪鸣銮的父亲汪小樵为私塾同窗。当年，俞樾十五岁，汪小樵二十岁。晚清时，男孩一般二十岁结婚，不会太早，也不会太晚。汪小樵于道光十九年生了汪鸣銮，从时间上推断，七不离八。

汪氏私塾，仅有五名汪氏子弟。他们在常州读书，但户籍挂在浙江。每逢考试，要赶到杭州，租住在运司河下屋，其并肩接踵的拥挤，及互相挤对调侃，游园赏景，唱无腔曲，是俞樾他们青春年少时的记忆。

安徽的有钱人家，往往将户籍迁到浙江，而人却常住江苏，其中原委，现代人已无从知晓。譬如汪鸣銮的父辈，皖人，寄籍浙江钱塘，而人却寓居苏州。正因为如此，汪小樵在常州附读时，因为一口吴音而受到其他汪姓学童的嗤笑。再譬如，曾经收藏《吴郡图经续记》的文化学者胡珽，皖人，寄籍杭州，而常住苏州。汪胡二家，为何不直接寄籍苏州？

可能的解释是，入籍苏州比入籍浙江严。

汪氏本是美食家

晚清士大夫颇留意饮馔，讲究吃喝，讲究吃喝不是大吃大喝，而是知味。汪鸣銮于此，也颇为留心，故而汪氏家宴，向来口碑在外。《翁同龢日记》中写到汪鸣銮请客，一片赞扬声。光绪十八年（1892）十月初二日，“柳门招饮，极精美”；同年腊月十七日，“赴汪柳门招，极丰盛”；等等。光绪二十七年，缪荃孙临时造访汪鸣銮，汪留饭，《缪荃孙日记》称“小饮，馔佳”。

汪鸣銮在翰林院做官时，内务府厨师做的一道名菜，翰林们每年只能享用一次，这道菜叫“罐儿山鸡”。大致做法是，以猪油灌入山鸡腹中，蒸熟切片。山鸡腹中还要放什么，不得而知，属于秘技了。据说宝鋆极嗜之，宝鋆是光绪十七年（1891）去世的武英殿大学士，想吃什么就可吃什么，但京城内外菜馆饭庄都不知道这道菜如何做。

这道菜也不是内务府厨师都能做，而是只有“咸安宫庖人”能做。咸安宫在西华门内，内务府设咸安宫官学于此，专事培养八旗子弟，经费充裕，待遇极高，其生活、学习费用由内务府全包，内务府也派驻大厨在此掌勺，为师生做饭。这所学校的行政级别也超乎寻常，其管理大臣由一品大员特简。光绪十三年（1887），苏州潘祖荫在北京官场红得发紫时，就曾担任过“管理八旗官学大臣”，管的就是咸安宫官学。

每逢年底，翰林院起居注馆将一年来皇帝的“起居注”装订成册，送交内阁收藏之日，照例要聚餐一顿，而这顿饭，由咸安宫庖人制作，年年聚餐，“罐儿山鸡”是必须有的当家菜。

汪鸣銮虽非起居注馆的官员，但他先后担任翰林院侍讲、侍读，是翰林院的实际领导，自然有资格参加聚餐。汪鸣銮又住在内城，交通方便。于是鼓励家厨向咸安宫庖人学艺，学习此菜的做法。

光绪二十三年（1897），汪鸣銮罢官后回到苏州，就向俞樾隆重推出这道宫廷名菜，俞樾为此赋诗一首，题曰《汪郎亭侍郎以家制罐儿山鸡来馈，赋谢》，并称赞说：“虽非唐临晋帖，尚得皮毛之似，此亦翰林一小掌故也。”

翰林院在编的编修、检讨等官，有二三百名，只有汪鸣銮留心到这道菜。汪鸣銮是不是吃货？也无需多说了。

吃货的视野，既有长焦，又有广角。

苏州阊门外杜三珍，晚清始创，其制作的酱肉十分可口。汪鸣銮获知后，通报俞樾。俞樾勤于笔耕，为此写了一首《郎亭极道阊门外杜三珍斋酱肉之美，适子原在坐，命从骑往购之》，诗曰：“三珍老店杜家开，吴下争将美味推。岂我骨人堪领取，烦君肴驷特传来。一脔乍向盘中奉，匹马旋从郭外回。割肉正方兼得酱，何妨市脯佐樽罍。”题中的“子原”，是俞樾的次女婿许祐身，新任苏州知府。俞樾最为遗憾的是，他的次女绣孙，即知府夫人，早在光绪八年（1882）就去世了。

俞樾在另一首《闲事》中，再次写到杜三珍。诗曰：“气血俱衰不耐劳，惟将闲事写吟毫。杜家买到三珍肉，唐氏传来万应膏。枯木已拼长偃蹇，困鳞犹翼暂游遨。何时仍向南窗坐，坐拥书城四面高。”

这两首诗，都写于光绪三十年（1904）。这一年的清明时节，因为江苏学政唐景崇来访，俞樾送之登车，“一揖之后，腰痛大作”，遂成“筋骨伤”，无法行走，无法久坐，为此，家人乃于椅下施四轮，方便推行。俞樾静养期间，汪鸣銮也没少操心，除了推介酱汁肉，又送上常熟燕来笋，即春笋。到了夏天，再送上莲蓬蹄。

莲蓬蹄，是一味汤菜，主料是莲房、莲实与猪蹄。莲房，就是莲蓬；莲实，就是莲子。汪鸣銮端整的这道菜，把俞樾看得目瞪口呆。《郎亭赠莲蓬蹄赋谢》诗曰："操到豚蹄信复疑，莲房莲实认迷离。"苏州人再能吃，也不会将莲蓬吃了。这道菜应该属于药膳，《本草纲目》云："莲房，消瘀散血。"于俞樾的"筋骨伤"而言，是对路的。

江苏巡抚恩寿听到汪鸣銮贡献了莲蓬蹄，出于幽默，向俞樾馈赠了荷叶饼。荷叶饼，失传久矣，但据俞樾诗："几家赝鼎功殊逊（假冒甚多），片刻仙厨候最忙（过午不售）。"括号内是俞樾的自注。但既然有假冒，说明荷叶饼受到市场欢迎；而过午不售，恰恰是饼馒点心店只做早市的一般景象。

荷叶饼，光听听名字就很苏州。

俞樾与汪鸣銮是一对十分有趣的老人。他们时时互赠食品，交流吃局，至今读来，颇感亲切。放在今天，耳熟能详的，不在少数，譬如酱鸭、卤鱼、扎羊肉、酱炙靠子鱼、无锡酱肉等。只是有些食品的制作工艺，今天望尘矣。譬如，晚清时期的常州素火腿之所以著名，成为馈赠佳品，其用材乃是豆腐衣，而今天市面上卖的素火腿，是用百叶做的。相信有朝一日，肯定有商家会沿用古法制作出清代素火腿来。

清代人用鲥鱼做菜，也以清蒸为多，但俞樾的建议，却别开新境："鲥鱼宜先以酱厚涂鳞甲，而后蒸之，味较胜。"只是汪鸣銮将信将疑，舍不得将名贵的鲥鱼做此试验。为此，俞樾很无奈："郎亭得此法，而未敢试。"

这个烹饪法，放在今天，仍有借鉴意义。我们的东邻之邦，就很重视酱料的调味功能，在日本厨师手下，酱渍与盐渍，分得很清，前者是高档饮食的佐料，后者专治平民的下饭菜。

中国古代厨师，也善用酱料调味。《周礼》称："瓮备三醢，膳夫之职。"就是说，作为厨师，最起码准备三瓮调料。只是古代的调料是指鱼酱和肉酱，最常用的肉酱，是用麋、鹿、麇的肉制成的，至于这三种肉酱，有何区分，谁也没有尝过。

俞樾还推介一款浙江野炊，很有趣味："立夏日，支灶于庭，扫叶为薪，以米和蚕豆，又碎切肉及笋，合煮成饭。饭熟聚餐，谓之吃野饭，乡俗也。"这种加了肉和笋的蚕豆饭，无论是商家与家庭，都值得一试。

汪俞二师与诂经精舍

光绪二十九年(1903)，汪鸣銮突然娶妾。此前，汪鸣銮两娶吴夫人，皆居住在双林巷，双林巷是吴大澂老家。这位新娶的方姬，也住在双林巷。晚清时的双林巷，也是一巷一水，离不开"城中街，皆临河"的总体格局。俞樾有诗曰："见说家依婿水旁，双林曲巷一条长。"至今苏州还保留着诸多古河道，只是"婿水"这样好听的名字早已失传，苏州人现在只会说"双林巷边上的一条河"了，俞樾如知，会笑掉大牙。

光绪二十九年(1903)，汪鸣銮已经六十五岁了，还有雅兴娶妾？很令人不解。古人娶妾，可以当回事，也可以不当回事。赵烈文在常熟曾赵园娶妾，写了三天催妆诗，这是当回事。马虎一点，只需一顶轿子抬进府来便是。汪鸣銮的新婚之夜，被苏州知府招去喝酒，弄到二更天才放回。俞樾幸灾乐祸："苏州太守真无赖，投辖留宾到亥时。"亥时，是晚上九点至十一点，对新妇而言，有点残酷了。

汪鸣銮之所以老年娶妾，恐怕与他在杭州执教，需要有人照料生活有关。

汪鸣銮自从罢官回到苏州，断断续续地一直在杭州发挥余热。《诂经精舍志》说："柳门方以侍郎解组放归，掌教敷文书院也。"光绪二十五年(1899)，俞樾辞去诂经精舍讲习后，接任者为原江苏学政黄体芳(字漱兰)，结果黄氏不半年而殁。浙江巡抚刘树堂(字景韩)再次邀请俞樾主持诂经精舍，俞樾推荐了汪鸣銮。但汪鸣銮也仅仅干了一年就请辞，依然回到敷文书院掌教。接任诂经精舍山长的，为谭献(字仲修)。谭献做过几年诂经精舍监院，从监院荣任掌教，不胜感慨，《谭献日记》说："诂经精舍监院曹树培送刘抚部延予辛丑掌教精舍聘书来。回忆乱后重建精舍，予监院数载，前尘如梦景，老飧苜蓿，惘惘如何！"辛丑，即光绪二十七年(1901)。

在浙江学界，诂经精舍的文凭比敷文书院亮丽，"敷文书院月课超等，挑取诂经精舍肄业"。当然，诂经精舍并非仅仅是敷文书院的高级进修班。按照阮元创办时的理念，"圣贤之道存于经，经非诂不明"，要在两浙青年才俊中，培养

"学以致用"的人才，登甲科，举成均，掇青紫如拾草芥，牧民有善政者。

阮元的理想有没有实现？当然是实现了。以清季为例，余杭的章炳麟、定海的黄以周，世称晚清三先生之二。黄以周主讲江阴南菁书院十五年，为江南养育了许多人才。另，义乌的朱一新（为广东广雅书院山长，广雅书院即今日的中山大学）、德清的戴望，都是在诂经精舍修学的一代学人。

但若论二校的经济地位，却是敷文书院执其牛耳。诂经精舍一年的预算经费为二千四百两，而敷文书院至少为三千六百两。这个数字，是取敷文、崇文、紫阳三书院总经费一万八百两的平均值，而实际预算恐怕更高，因为杭州的官办书院中，敷文书院的历史最为悠久。清初，圣祖赐额"浙水敷文"，书院因此得名。高宗比圣祖更会凑热闹，六次南巡，次次到敷文书院视学。故敷文书院是杭州当之无愧的第一名校。而诂经精舍创办于嘉庆年间，是浙江书院中的小弟弟。

汪鸣銮之所以请辞诂经精舍，当然有经济上的原因。

诂经精舍掌院年俸六百两，敷文书院掌院年俸几何？没有对应资料，但肯定比诂经精舍高。参考上海的龙门书院，其掌院年俸为一千两，敷文书院不会低于这个数。

浙江当局也意识到"诂经脩薄"，于是用浙江书局的收益，略做补贴。俞樾解嘲说："自是以来，余尸素局中，为日久矣。"

广东学政徐琪，是俞樾的门生，看到老师执教的诂经精舍经费紧张，遂以"精舍旧游"的名义，向学校捐俸银两千两，发典生息，以充膏火，俞樾因为此笔捐款，每年能增收五十五两。

诂经精舍之所以经费紧张，只因为当初浙江巡抚阮元创办诂经精舍时，"一言而兴"，以捐献俸薪为号召，即使动用财政资金，也属于临时性拨款，故而经济上一直窘迫。但反过来说，大清朝时也不是地方官想列入编制就列编的。教育这摊事，如走正常程序，礼部、户部都是直管衙门，说不定还要请皇命呢。

光绪二十七年（1901），新任诂经精舍山长的谭献上任仅六个月，因大暑天腹泻不止而去世，汪鸣銮再次出任诂经精舍山长。这件事，俞樾没有入诗，汪鸣銮没有日记，竟一时模糊起来。幸好从《诂经精舍志》光绪癸卯科浙江乡试同年齿录中，找到了"谭为前诂经精舍掌教，汪为现诂经精舍掌教"的记录，汪鸣銮是诂经精舍最后一位掌门，得到确认。

汪鸣銮在此职位上，一直干到光绪二十九年（1903）秋闱。诂经精舍学生吴敦义获选浙江乡试解元，这场乡试，也是浙江省的最后一场乡试。光绪三十年，大清举行了最后一场会试后，科举从此结束。

赵磻老与黎里东圣堂

李海珉

赵磻老与黎里

东圣堂是黎里镇奠基人赵磻老纪念堂，门厅三块石碑、一方黄杨木刻，蕴含着丰富的历史信息，其中社坛碑，对黎里影响异常深远。历史上东圣堂常为佛道二教进驻，不过作为公共场所的性质始终存在，黎里百姓一直在此集会。1966年，东圣堂赵磻老坐像及佛道文化布置，尽数被毁。1986年，鉴于东圣堂的历史和文物价值，确定其为吴江县文物保护单位。2014年，黎里镇成为中国历史文化名镇。2016年，黎里古镇保护开发管理委员会重塑赵磻老坐像，恢复"中秋显宝"等历史文化陈设。

赵磻老，字渭师，一作渭卿，号拙庵，东平（今属山东）人。二十一岁以妇翁欧阳懋恩泽入仕，初任宝应县主簿。绍兴三十年（1160）二月，以礼物官随同知枢密院叶义出使金国，三月后礼成而返。乾道六年（1170）五月随范成大使金，这次出使主要是"求陵寝地及更定书礼"（孔凡礼《范成大年谱》"乾道六年庚寅"条），正式向金方提出归还北宋诸帝河南陵寝地以及更改受书必须跪拜之礼仪，难度颇大。范成大与赵磻老等竭智尽虑，据理力争，全节而返。成大认为磻老"文儒有气节，慨然与俱"（《永乐大典》"郎"字韵引《范石湖成大全集》），推荐给丞相虞允文，经考察后，擢升为正言。乾道八年（1172）任楚州（今江苏淮安）知州。乾道九年（1173）自尚书吏部员外郎除直秘阁知庐州（今安徽合肥）。

淳熙元年（1174）以尚书户部员外郎除直秘阁，实任庐州知州。淳熙二年（1175）为两浙路转运副使。次年兼任临安（今浙江杭州）知府。淳熙四年（1177）五月，任秘阁修撰。淳熙五年（1178）二月，权工部侍郎。同年十一月，殿前都指挥使司招兵舞弊，因失察故，谪饶州任知州。所著有《拙庵杂著》三十卷、外集四卷，均佚，存词十八首，收入《全宋词》。他与黎里的关系，正德《姑苏志·人物九》曰："赵磻老，字渭师，东平人，居吴江黎里。"张袤《吴中人物志·流寓》亦曰："赵磻老，字渭卿，东平人，居吴江黎里。"

据黎里乡贤相传，赵磻老受贬饶州没几月，就来黎里隐居。黎里文史研究人员为弄清赵磻老生平，与东平政协文史委联系，专程寻访赵氏血地，与东平文史研究专家吴绪刚等共同探讨。双方基本达成共识：赵磻老生于北宋宣和三年（1121），靖康变乱时随家人南渡，弱冠后走上仕途，为官三十六年，五十七岁隐居黎里，对黎里的政治、经济和文化颇有功绩。赵隐居黎里二十三年，对黎里的贡献，吴江地方志书有记载，黎里百姓口述历史至今流传。徐达源《黎里志·沿革》云："淳熙时工部侍郎赵磻老居黎里，黎里之名始著。"淳熙五年（1178），赵磻老隐居黎里。当时黎里梨花村和何家浜村，再加外来人口一千余人，事实已成集镇。时势选择与民意酝酿，需要一位能够调停各方，又能在县里说得上话的人物登上历史舞台。赵磻老有资质、才干和学养，很自然地成为黎里镇奠基人。黎里升村为乡，接下来，赵磻老带领百姓整治市河，整理街道，教育民众接受文化，奠定黎里跻身江南大镇的基础。这就是黎里之名始著的主要内容。庆元六年（1200），赵磻老逝世，黎里百姓建造圣堂，塑成坐像，顶礼膜拜。后来黎里又建了两个圣堂，分称南圣堂、北圣堂、东圣堂，今唯东圣堂保留下来。

老前辈翁惠农、倪九余等清楚记得，赵磻老塑像上方有一方"共仰渭师"匾额。王金珠女士（2017年七十二岁）儿时曾在东圣堂厢楼居住，每当初一月半，都看到黎里民众前来朝拜上供。大年初一清早，奶奶让王金珠手捧大碗汤圆，端上赵磻老供桌，双手合十，恭恭敬敬磕三个响头，奶奶在一旁念念有词，感恩"赵老爷为黎民造福"。

赵磻老有业绩有口碑，黎里镇上留下了很多同他相关的地名与名胜。徐达源《黎里志·古迹》记道："花园港，在镇之东染字圩，宋侍郎赵磻老所居。按花园港一名花园浜,《县志》载褚学士所居,里中父老传为宋时显宦赵某园地,明初尚有亭台遗址。源详阅志乘,里中显宦别无褚学士与他赵姓者,其为宋权工部侍郎磻老无疑也。因并记之,以俟博雅者论定焉。"徐达源指出《吴江县志》记载有误,明确宋时隐居黎里的不是别人,正是赵磻老。赵在黎里南港西侧一个无名小浜兜定居下来,他把居住地打理成花园式别墅,里中百姓称为赵家花园。从此,无名小浜有了花园浜之名,南港别称花园港。

赵家花园,明代还有部分亭台留存。明初,第一批"黎川八景"确定,按《黎里志·形胜》记载,旧定八景是"吴山耸翠""黎水澄清""拙庵故居""登瀛遗迹""岳宫旛影""禊湖夜月""月湾渔舍""罗汉钟声"。第三景"拙庵故居",就是赵磻老故居,可见他在百姓心目中的地位。

东圣堂门厅保存着元、明、清三块石碑,蕴藏着许多历史信息。

最早一块石碑镌刻于元代。2016年,黎里古镇保护开发管理委员会整修东圣堂门厅,在西北墙角掘得一块《吴江州黎里普济院》碑。碑首的吴江州,印证了元代吴江县升吴江州的历史。此碑刻于元大德三年(1299)。明确如乘等和尚进驻,石碑漶漫不清,经仔细识读,此碑公示黎里四周各圩的僧饭田(庙产)。同时,东圣堂三进之后,增建三进,为和尚念经、吃饭和歇宿之所。东圣堂自此增加佛教陈设,又名普济院、普济禅院。

第二块石碑刻于明嘉靖五年(1526)。东圣堂改为社坛,竖《吴江县二十三都东八图里社坛》石碑。此碑对黎里影响深远,下文专门介绍。

第三块石碑刻于清光绪三十年(1904)。当时黎里五十多名地主向苏州知府控告佃农抗租,苏州知府在东圣堂竖起《严禁抗租碑》。

三块碑石之外,门厅还有一块"官箴牌",鲜为人知,同样潜藏着历史信息。"官箴牌"是黄杨木刻,两百多年前的旧物,被移用或已朽烂,因此几乎湮灭无闻。据考,"官箴牌"始刻于乾隆二十三年(1758),成因要追溯到黎里陈家的一场灾祸。

黎里有个陈鸿文,任甘肃平番知县,挪用官家库银一千多两,被有司查实,依法公判斩立决。陈鸿文自己身首异处不算,还殃及父亲陈鹤鸣,被囚车押解抵京,家中金银细软悉数抄没,田地房屋被县官籍没后拍卖。家乡父老深为感慨,一位宿儒抄得官场流传的官员廉洁箴言："吏不畏吾严而畏吾廉，民不服吾能而服吾公。公则民不敢慢，廉则吏不敢欺。公生明，廉生威。"短短三十六字，黎里宿儒长者议决刻成官箴木牌，教育家乡后学，特别是科举晋身仕途者，定须牢记此箴，身体而力行。至清末，黄杨木刻"官箴牌"被挪走而不存。2017年10月，由徐云叔重书而后镌刻，悬挂在东圣堂门厅。

除了复原石碑与木刻之外，门厅增加一块巨大插屏，正面刻有《东圣堂记》，简要介绍东圣堂历史变迁，屏风背面刻有嘉庆十一年（1806）前的黎里平面图。

东圣堂第二进，由东西两厢楼组成，现在的陈列主要与"中秋显宝"有关。"中秋显宝"是黎里特殊风俗，发端于元，定型于明，兴盛于清代与民国。自古以来"中秋显宝"，东圣堂是富家大户别苗头的地方，每年在此确定专题赛宝、斗宝。自1930年开始，农学家倪慰农在东圣堂所显之宝，颇为特别，都是他自家实验农场里试验成功的农副产品，如墨西哥番茄，北美洲马铃薯，经过杂交的稻种、麦种、大豆，一年可生三百三十多个蛋的白洛克，一年长到十斤的鹿岛红肉用鸡。倪慰农还为大家表演阉割小公鸡，等等，揭开了"中秋显宝"的历史新篇章。

明嘉靖五年（1526），江苏巡抚敦促吴江县知县王纪，确定东圣堂为里中社坛，定期宣讲乡规民约，祭拜社神，设立社学、社仓。巡抚要求将社坛碑竖立在东圣堂门厅，让里中人士监督知县及里长遵照实施。社坛碑，黎里又称"教民风化碑"，在江南地区较为少见，为研究明代集镇的宗教信仰、民间教化、办学、备荒等提供了历史依据。现将碑文抄录如下：

"吴江县二十三都东八图里社坛：直隶苏州府吴江县为申明乡约，以敦风化事。抄蒙钦差总理粮储兼巡抚应天等处地方、都察院右都御史陈案验，备仰本县遵照洪武礼制，每里建立里社坛场一所，就查本处淫祠、寺观修改为之，不必劳民伤财。仍行令各该里长，自嘉靖五年正月起，每遇春、秋二社，买来猪羊祭品，依式书写祭文，率领一里人户致祭于五土五谷之神，务在恭敬丰洁，用虔祀报。祭毕，就行会饮，并读抑强扶弱之辞，成礼而退。仍于本里内推选齿德俱尊者一人为约正，有德行一人副之。照依乡约事宜，置立簿籍二册，或善或恶者，各书一籍，每月朔一会。务在劝善惩恶，兴礼恤患，以厚风俗。乡社既定，然后立社学，设教读，以训蒙童；建社仓，积粟谷，以备凶荒。而古人教养之良法美意，悉于此寓矣。果能行之，则雨旸时若，五谷丰登，而赋税自充；礼让兴行，风俗淳美，而词讼自简。何待于刑罚，何劳于听断，而水旱盗贼亦何足以虑乎？此敦本尚实之政也。良有司者，自当加意举行，不劳催督。将领过乡约本数，建立过社坛处所，选举过约正副姓名，编造文册，另令径自申报，以凭查考。其举之有迟速，行之有勤惰，而有司之贤否，于此见焉。定行分别劝惩，决不虚示。除遵奉行外，今将备蒙案验内事理，刻石立于本社，以为劝惩。大明嘉靖五年正月日，吴江县知县王纪立。”

碑首“吴江县二十三都东八图里社坛”，这里的“都”“图”“里”，有必要辨析一下。

“都”，是南宋江南地区低于县一级的行政单位；“图”，源于征收赋税的鱼鳞图册。据顾炎武考证“都”是小邑，即介于县与村之间的行政单位。对于南宋统治过的地方，明代改“都”为“里”，碑首用“都”那是沿用旧称。“图”，是地理概念，不是行政单位顾炎武认为，就管辖范围来说，图与里基本相等。碑首叠床架屋地都、图和里三者并用，为了明确地理，强调方位。明洪武十四年（1381），朱元璋下诏，编订赋役黄册，以一百一十户为一里，推丁多田多的十户为里长，其余百户分为十甲，每甲每年轮设甲首一人。每年十户里长一人轮值执行里长职务，十甲之中，每甲走出甲首一人，配合里长总董一里之事。十年轮流一周。当时每户六至七人，一里七八百人。

洪武三年（1370），朱元璋诏告天下设立社坛，史称“洪武礼制”，其中重要的一条是禁毁淫祠。那时社会上佛道两教及其他祭祀日益繁杂，寺观祠庙泛滥，极大干扰国家财政、社会控制和社会风气。当时规定的淫祠主要有三：一是不属国家祭祀制度规定的神灵系统之神祠，二是民间私自建立且没有什么社会地位的神祠，三是朝廷编纂的祭祀典籍没有记载的祠庙。对此，徐达源《黎里志·寺院》记道：“至明初，将无赐额之寺、观、院、庵归并丛林，诚欲归并僧道于丛林，令不敢为非，且得尽毁小寺院，以为里社坛也。”“赐额”，即官府额定的寺院；“丛林”，官府允许和尚道士聚居修行处所，丛林一般都具有相当规模。废弃的寺观，改造成里社坛。就如东圣堂社坛碑中所说：“每里建立里社坛场一所，就查本处淫祠、寺观修改为之，不必劳民伤财。”

东圣堂建成后，一直是黎里百姓集会场所。元大德三年（1299）和尚进驻，增加佛门设施；到嘉靖五年（1526），即二百二十七年后改为社坛，恢复百姓集会场所。

从此，东圣堂每年立春与立秋后第五个戊日，由里长撰写祭文，召集里人，供上祭品，主持春社与秋社祭典。春社祈谷，祈求社神赐福，五谷丰登，六畜兴旺；秋社报神，十月登场，报告社神丰收喜讯，答谢社神。这天，里长请口齿伶俐的学子宣读祭文，请约正与约副宣讲乡规民约。春秋两社，属于民风民俗，朝廷明令禁止僧道参与。社祭娱神，也为娱人，社日百姓自发竞技，演唱戏文，集体欢宴，非常热闹。

东圣堂社日，黎里百姓聚集在一起，摆上丰富的食品供奉社神。祭祀礼成，每家留一人参加会饮，大部分社酒、社肉、社饭、社面、社糕及水果等由各家分享。社肉，也称“福肉”，由专人分割。据《史记·陈丞相世家》记载，陈平分肉十分公道，受到里人称赞，可见分社肉，在旧时是一件十分隆重的事。南宋陆游有《社肉》云：“醉归怀余肉，沾遗遍诸孙。”陆游把社肉带回家，分给儿孙，让全家老少感受社神的恩惠。

东圣堂社饭，一碗碗盛好，盖上猪肉、鸡肉或鸭肉，再加葱姜盐梅等佐料，就是黎里后来的盖浇饭。黎里百姓都说饮社酒能使人耳聪目明，因此参加会饮者大多不醉不归。此风由来已久，且看唐王驾《社日》诗中的句子：“桑柘影斜春社散，家家扶得醉人归。”

东圣堂社坛，每年必备两册簿籍，一册记载善举，一册记录恶行。每年选举年长而有德行者任约正与约副，每月初一会同里长开会并记录，待等春秋二社，向里人公布。

东圣堂后三进为楼房，遵照朝廷规定，在前两进创办社学。十五岁以下子弟，都可入学。有些向学者可以延长到二十岁，农闲时入学，在学期间免去差役。教育内容主要有御制大诰、本朝律令、经史历算，以及冠婚丧祭等礼仪。社学教师，政府免除徭役，要求社会尊重和礼敬，同时规定教师不得擅自向学生收取课金、鸡米、酒食。优秀者奖励，违规的开除。社学中品学兼优的学子，可以免试升入县、州、府学读书，后来甚至规定非社学学生，不得升入县、州、府学。

东圣堂最后一进设有社仓，储存粮食。社仓是旧时我国汉族人民储粮备荒处，由南宋朱熹首创，粮食主要来自劝捐或募捐，丰存歉补。社仓储粮，一般春放秋收，收取两成利息。如果遇到灾荒，小歉则利息酌减，大饥则全免。当储粮达到原米十倍时，每石只收耗米三升，不再收取利息。东圣堂社仓，里人获益多多，自嘉靖五年（1526）起，直到明末，坚持了一百多年。

东圣堂改社坛，设里长，选举约正、约副，办社学、建社仓等情由，勒石成社坛碑，立于东圣堂门厅，以备知县检查，民众监督。此碑至今保留完好。

东圣堂是地方名人纪念堂，近九百年来，即使和尚、道士、尼姑轮番进驻，只不过增加佛道二教某些设施，公共集会场所的性质始终没有改变。

徐达源《黎里志》记载东圣堂建于明代，蔡丙圻《黎里续志·寺院》纠正说："普济禅院，俗呼东圣堂，在镇发字圩，南宋时建，有宋秘阁修撰赵磻老像。明嘉靖三年（依照社坛碑所刻，应是嘉靖五年），知县王纪奉巡抚陈案改为社坛，里中社长讲乡约于此，有《社坛碑记》，知县王纪立。康熙初年以尼易道；雍正间，里人重修；同治八年，汝鸣球募修；光绪十三年，僧妙镜重修。"

2017年，东圣堂第三进，根据老照片重塑赵磻老塑像，安坐厅堂正中。坐像两侧有两副抱柱对，一曰：云卷孤峰高岸立，风驰万水善门开。一曰：建镇安民直似初升日，立身行道诚如化外天。正厅匾额"共仰渭师"下面，紧接通天屏风，正中一幅巨幅国画《一磐峰》，以黎川八景"拙庵故居"为依据，描绘当年的赵家花园，画面正中一块灵动太湖石，长身特立，不依不靠，突出园墙，犹如一位老翁，高瞻远瞩，将周边一切尽收眼底。不消说，此石正是赵磻老的象征。东西两边墙上，安排八幅国画——《升村为乡》《整顿市容》《引导吟诵》《理水造园》《排难解忧》《填词撰著》《焚香操琴》《制作凉粉》，形象地描述赵磻老在黎里的作为，特别是前三幅，赵磻老凭着他政治、工程和文化方面的才干，使黎里跻身为江南名镇行列。通天屏风背面，是赵磻老生平简介。

东圣堂建成，除南宋庆元六年（1200）到元大德三年（1299）、嘉靖五年（1526）至明代末年，其余时间轮番为佛道二教进驻，多次添加宗教设施。远的不说，民国时期，门厅左右两边安排风调雨顺四大金刚，正中立有韦驮像。第三进正殿，赵磻老塑像后面，屏风上塑有南海观音，手捧净瓶，脚踏鳌鱼。中华人民共和国成立后，屏退佛道。1958年，东圣堂办街道食堂。1966年开始，一切宗教设施乃至赵磻老塑像尽数被毁。1980年后，东圣堂是东三联街道办事处。1986年7月，吴江县文物局及黎里镇文物保护管理所认识到东圣堂与赵磻老的文物价值与历史意义，将第一进门厅、第二进东西两厢楼和第三进正厅确定为吴江县重点文物保护单位，着手保护。2014年升为苏州市文物保护单位。2016年，黎里古镇保护开发管理委员会整修东圣堂前三进，恢复后两进。第三进以赵磻老为主体进行文化陈列，让专家学者及游客认识这位古镇黎里的奠基人；第一进竖起三块石碑，重新翻刻黄杨木“官箴牌”；第二进左右厢楼，陈列“中秋显宝”内容；第四、五两进，分别陈列江南农耕文化与生活场景，面向社会开放。

上海塘与东江故道

陈　益

一

来到平湖市泖河村，站在上海塘边，眺望波光粼粼的河面。水路东西两翼呈长弧形，村上人称水月湾，风景绝佳。这里邻近杭州湾，是黄浦江的重要支流。时而可见载重数百吨的货船驶过。不少货船载满了集装箱。明清时曾在此设盐船巡埠，不难想象往昔的交通发达、街市繁盛、人文荟萃。被誉为“天下第一清廉”的当湖先生陆稼书，就是康熙年间从这里走出去的。

上海塘，不仅与黄浦江密切相关，也显现出与太湖的渊源。它当是东江故道的一部分。

元末明初，沈万三因治财有方，又有出色的经济管理才能，在开辟田宅的同时，把“东走沪渎，南通浙境”的古镇周庄，作为商品贸易和流通的基地，利用东江水道之便利，将江浙皖一带的丝绸、瓷器、粮食和手工艺品运往海外，又将海外的珠宝、象牙、犀角、香料和药材运到中国，使自己成为“资巨万万，田产遍于天下”的江南第一豪富。

东江的流向，在千百年间发生了很大的变化。郦道元在《水经注》中说，太湖之水经由松江（今吴淞江最上游）东北流七十里，至三江口分为两水，仍保持东北流者名娄江，折向东南流者即东江。东江向东南行入小湖（白蚬湖）。二十世纪八十年代，有几位研究上海水文地理的学者根据《史记正义》《太平寰宇记》《吴郡图经续记》等记载分析，今苏州工业园区车坊镇东北角，是古三江口的所在。曾有一条开阔的河流从吴淞江分支，流入澄湖，这便是古时候东江的上流。而东江向东南行进入的小湖则是白蚬湖。学者们又以《水经注》依据《吴记》的记载说，东江从小湖（白蚬湖）东南出，又名谷水，接着流入一片低洼区域——这个区域在南宋时为薛淀湖，自元代至今则为淀山湖和拦路港。随后，又经过今天的松江、金山，流入浙江省平湖县城东面的当湖。当湖与嘉兴城之间有一条名叫汉塘的水道，这或许正是《水经注》中所说东江流至嘉兴的故道。东江经过嘉兴至硖石镇的长水塘，又经海盐县城至澉浦，最终注入海中。绍熙《云间志》（即《华亭县志》）、《史记正义》等古籍中，也有可作佐证的记载。

按照这样的水道走势，当年沈万三的船队，很可能是沿着东江，经白蚬湖—淀山湖—当湖—汉塘—长水塘，从澉浦港出海的。这就是沈万三通番的黄金水道。

让我们来看看澉浦。它位于杭州湾北部，据传，当年徐福东渡的庞大船队正是从澉浦港启程的。这支由多只楼船组成的船队，经历了海上巨大风浪的考验和千难万险才到达日本。

但也有专家考证，澉浦在北宋时还只是一个不知名的盐场。南宋时，由于杭州为“四方百货所凑，澉为近畿，而舶由龛赭入钱塘阻于江湍，以收舶澉濡为便，番货因而毕集”（见宋常棠《澉水志》），它作为杭州的外港而成为外贸港口。绍熙元年（1190），光宗认为杭州是国都，不允许外国海舶任意进出杭州港，只许停泊澉浦，澉浦很快取代了杭州的港口地位。不久澉浦设市舶官管理，并且设市舶场作为中外商贾的交易场所。元至元十四年（1277），官府在澉浦设立市舶司，委任福建安抚使杨发兼领，“招集舶商，番舶皆萃于此”，澉浦终于成为“远涉诸蕃，近通福广，商贾往来”的“冲要之地”。大德二年（1298），澉浦市舶司并入庆元市舶司，但是海外贸易仍然相当活跃，“港纳海舶，番货毕集”，堪称我国东南一大外贸港口。

《马可·波罗行纪》中多次提到“Ganfu”，“海洋距此（指杭州）有二十五哩，在一名澉浦（Ganfu）城之附近。其地有船舶甚众，运载种种商货往来印度及其他外国，因是此城愈增价值”。发展到元朝，澉浦港已一跃成为全国四大港口之一，国内的黄金珠玉及香料从这里出发运往世界各地，远的到达印度、斯里兰卡及东南亚地区，最远到达非洲的东海岸，近的则通闽粤。当时的澉浦城内居住着我国著名航海家杨梓及其家族和不少外国来华的使臣。

直至明代，朝廷开始实施海禁，澉浦的商舟才有所寥落。但明代中叶以后，随着资本主义的萌发，澉浦港又逐渐形成规模。

显然不是巧合，当澉浦成为“远涉诸蕃，近通福广，商贾往来”的“冲要之地”，海外贸易相当活跃的时候，恰恰也是沈万三出海通番，大胆开展“竞以求富为务”的对外贸易活动的时期。沈万三的发富与澉浦的繁荣相得益彰。当然，在沈万三长达数十年的出海通番活动中，由于货物目的地、气候、海潮等的影响，不可能只走澉浦港。或许也会从东江折向娄江，经由浏家港（明永乐年间郑和下西洋船队起锚之地）驶向海外。这不难理解。

二

以上所述，多从地理水文和历史文献的角度，强调沈万三当年从东江经由白岘湖—淀山湖—当湖—汉塘—长水塘，从澉浦港扬帆出海。那么，有没有更可靠的实证呢?

近日读到台湾学者汪义正先生《新安沉船的历史意义与沈万三通番说》一文，颇受启发。文章提及韩国新安沉船，那是一艘元末明初从庆元（今宁波）开往日本博多的民间贸易商船，满载着当时中国出口日本的货物。很可能是途中遇到风暴，该船沉没在朝鲜半岛西南端新安郡外海。新安沉船于1975年5月被发现后，韩国政府组织了“新安海底遗物发掘调查团”，从1976年到1984年的八年间，进行了十次大规模的探查、发掘、打捞。从打捞出水的沉船遗骸和遗物判断，这艘沉船基本上保存了近七百年前（十四世纪前叶）中日民间贸易往来的海上商船原貌和货物，为研究者提供了极其宝贵的考古史料。韩国政府不仅出版《新安海底遗物》专辑，还在新安郡木浦市兴建了国立海洋遗物展示馆。

引人瞩目的是，该船遗物中发现了墨笔书写“至治三年”字样的木简。至治，为元英宗年号。元英宗于至治三年（1323）二月十九日颁布《大元通制》，史称“至治新政”。新政裁减冗官，颁布新法律，采用“助役法”，以减轻人民的差役负担，这使元朝国势大有起色，却触及蒙古保守贵族的利益。是年八月，元英宗与宰相拜住自上都北返大都（今北京），途中驻营于南坡店时，被铁木迭儿的义子铁失等刺杀，史称“南坡之变”。

新安沉船的相关年代，应该在至治三年（1323）稍后。沉船上的大量遗物，提供了当时中日民间海上贸易的船只状况，贸易商品的种类、规模，贸易对象等物证史料。仔细分辨，遗物中主要是陶瓷器、铜钱与紫檀木。陶瓷器数量最多，青瓷与白瓷合计达两万多件。此外还有黑釉陶、天目碗等。当时的日本社会有崇尚“唐物”的风气，这些瓷器的销售不成问题。同时还有四十箱重达二十八吨的铜钱，数量之多令人惊叹。铜钱在日本大致有三种用途：一是作货币流通，二是熔铸佛像，三是收藏家珍藏。紫檀木是一种名贵的木料，可制作供奉菩萨的神案或寺庙的其他家具。或许还有丝绸，经不起海水长期的侵蚀而腐朽了。

借此，我们已不难勾画出当时民间贸易的基本情况。

汪义正先生根据南宋拓印本《舆地图》、宋徐兢《宣和奉使高丽图经》、明郑若曾《筹海图编》等资料加以研究，得出大致结论，当时的航海通道主要是两条：一条是从太仓刘家港启航，经吴淞，过宝山、南汇出海后，南下到舟山群岛双屿港（六横岛）南方洋面，取“九山”（韭山列岛）方向，然后向东过洋二十七更，抵达日本港口。宋代以后，船只改从庆元港（今宁波）启航，速度会更快些。另一条是从明州（今宁波）启航，从招宝山（定海）至沈家门、梅岭（梅山）、蓬莱山（昌国境）、半洋焦（九山），经白水洋、黄水洋、黑水洋（黑潮）、群山岛（光州外海）、马岛（全州外海）、紫燕岛抵达礼成港。

从明州到礼成港的海船，“皆乘夏至候南风，风便不过五日，即抵岸焉”（宋徐兢《宣和奉使高丽图经》）。这正是商人大部分在七八月间到达高丽的原因。回国时他们则必须利用北风。当时的航行在很大程度上受到季节的限制。从浙江庆元（今宁波）前往日本九州博多的航行也是如此，大多利用夏季的西南季风前往日本，等到第二年的清明时分，再利用东北季风，从博多返航回庆元。两宋、元、明时期中日民间贸易，一年只能进行一次往返贸易，可见其艰难卓绝，并非任何人都能拥有抵御风浪的船队和战胜险恶的智慧。

徐兢在《宣和奉使高丽图经》中有这样的记载："二十四日乙亥，过横屿入群山门，泊岛下。至八月八日戊子，凡十四日风阴不行。申后东北风作。乘潮出洋……忽东南风暴，复遇到海动，舟侧欲倾，人大惧恐，即鸣鼓招众舟复还。十日庚寅，风势益猛。午刻复还群山岛。至十六日丙申，又六日矣。申后风正，即发洋。夜泊竹岛。又二日风阻不行……"韩国新安沉船完全可能是无法抵御风暴而遭难沉没的。

前文已谈及，元大德二年(1298)，澉浦市舶司并入庆元市舶司。大体也在那个年代，沈万三经由澉浦出海通番，成为"资巨万万、田产遍于天下"的江南第一豪富，富得连朱元璋都眼红，无疑不是唾手而得，自有其过人之处。他所掌握的高操航海技术，足以在世界航海史上留下浓墨重彩的一笔。

三

上海塘，其实是泖河一段的俗称。历史上的泖河，统称三泖，指今上海松江、青浦、金山与浙江平湖之间相连的湖荡。根据大小和形态，依次分别称为长泖、大泖、圆泖。

泖河水源自太湖。古东江(今黄浦江上游地段)出太湖而东，流经昆、青、松、金等地势低洼地区，逐渐形成了淀山湖(薛淀湖)、谷水、泖湖等湖泊。据旧志记载，宋时太湖之水主要由急水港(白蚬湖)流入薛淀湖，又经拦路港和金泽塘流入泖河。西南也有嘉兴、平湖之水流入泖河。三泖之水进入黄浦江，归于大海。

在漫长的岁月中，泖河淤积沉淀，不断变迁。据南宋绍熙《云间志》记载："古泖，县西四十里，周回四顷三十九亩。今泖西北抵山泾，南自泖桥出东南，至广陈，又东至当湖，又东至瀚海塘而止。"朱长文《吴郡图经续记》记载："泖在华亭境。泖有上、中、下之名，泖之狭者，犹且八十丈。"流经今金山、平湖之间的，因为形如长带，名曰长泖。因为地处上游，又称上泖。古长泖早先萦绕百余里，后来逐渐淤涨成田，到清代只剩下阔如支渠的水流。上海塘地处长泖，至今仍宽上百米。流经今松江、金山之间，原水面比较宽阔的一段，称为大泖；因地处中游，又称中泖。但早已淤塞，全部围垦为荡田，即泖田。流经今松江、青浦之间的一段呈圆形，所以称圆泖；因地处下游，又称下泖。经历代疏浚，得以保存至今。

近代，淀山湖水由拦路港进入泖河，上起青浦小蒸，由西北流向东南，下讫古浦塘、斜塘，经横潦泾泻入黄浦江。自界泾到泖塔圩一段，称古泖或南泖，河面宽四百米。中间经过的小独圩已淤涨成陆，主航道在其北岸一侧，河面宽一百二十米；南航道原宽三百米，已坝断养鱼。自泖塔圩逶迤向北，至拦路港一段，分为东西航道，东航道宽一百五十米至二百米，西航道宽四百米左右。东西两条航道即大泖、小泖在南嘴的合流，为“三泖并一泖”之处，俗称“泖口”，距离当湖东北约三十里。当地老百姓将它视作“龙头”。

中国的对外政策长久是闭塞的。到了元代，朝廷开始推行“诸蕃列国，诚能来朝，朕将宠礼之，其往来互市，各从所欲”的宽松政策，这大大刺激了对外经济的发展。“海舟巨舰每至吴淞江、青龙江取道，直抵平江城（今苏州）东葑门湾泊”。苏州城区和昆山等地，很快出现了“外夷珍货棋置，户满万宝”的情景。

遥想当年，以沈万三为代表的商人，发挥超乎常人的经营才能，频繁来往于徽州、池州、太平府、毗陵（常州）和苏州这片商人活跃的地区，千方百计把内地的丝绸、瓷器和手工艺品经由东江故道（泖河），出澉浦港去往海外，先后辗转到达占城（越南南部）、爪哇（印度尼西亚爪哇岛）、暹罗（泰国）、锡兰（斯里兰卡）、苏门答腊（印尼岛屿）、满剌加（马来西亚马六甲）等国家和地区，随后把那里的珠宝、象牙、犀角、香料和药材运回国内，对外贸易获得了难以想象的业绩。无疑，他也不止一次地从上海塘—水月湾走过。

今天，我们进入了铁路、公路、水路相互沟通的物联网时代，沈万三出海通番的东江，仍不失为黄金水道。东江故道（泖河），终日舟来楫往，运输船队宛若长龙。这条苏申外港线的重要航道，从不封冻淤塞，具有永不衰竭的运载力，运载成本比铁路和公路低得多，历来得到人们的重视，乃至有“上海的莱茵河”的美誉。在长三角一体化的战略决策中，它发挥着独特的作用。

窳翁批清刻本弹词残帙索隐

蒋刘生

人与书，聚与散，皆是缘分。鬻书有年，同侪每以“该是你的就是你的”勉之，深以为然。日前书友相约赏书，云新得一张鸣珂批校本欲售，这正是我日日相思的，唯恐求之而不得，即刻前往观之。

书乃《来生福》弹词残帙，是书巾箱小本，白纸木刻，刻印非精，一望而知为坊间之物。书存十二册，章回体不分卷，存七至十回，十三至十七回，二十九至三十六回。经查，此书全帙三十六回，宣扬“尽忠尽孝为修仙的途径，至情至性是修仙的根荄”。第十回、第十七回末有“窳翁”题记，书友即据此“窳翁”查检资料，断为张鸣珂批校本。恰我于日前另得张鸣珂光绪十四年（1888）手校本《文选》，落款皆为“公束”，钤印有“公束”“张鸣珂印”“张公束”。墨迹字体与此全然不合，当即推翻书友之张鸣珂批校本论断，书亦未购，擦肩而过。

然此“窳翁”为何人？系念于心。去电询之，答云，已托书友携归嘉兴（张鸣珂为嘉兴乡贤）寻找买家。闻此怅然若失，数日内耿耿于怀。

当时曾粗粗翻阅，约略记得书上第三十回末有跋云：“一月初十日接电音，奉上谕，孙贻经着在毓庆宫行走。”孙贻经（1826—1890），即孙诒经，咸丰十年（1860）进士，曾为帝师。第八回末有跋云：“十一月初八日，内人绛裳生日，贺客自抚藩而下俱挡驾。”看来，此“窳翁”与孙贻经相识，妻室诞辰，地方官员俱往贺寿，且抚藩以下官员还被挡驾，由此，其人地位之高可见一斑。循此线索，检索清代后期号“窳翁”者，同时期除张鸣珂外，尚有周星诒（1833—1904），浙江山阴人，后迁开封，常署“祥符周季贶”，官至福建建宁知府，为近代词家冒鹤亭外祖。另有江顺诒（1822—1881），安徽旌德人，尝结西泠吟社。另有一人，就是著有《窳翁文钞》的苏州最后一个状元陆润庠生父陆懋修。窃思此“窳翁”必为上述三家之一。至此更是心心念念，欲得之以解心头之惑，午夜辗转懊悔，当时应以张鸣珂之名先行买下再作研究。半月后，得知书在嘉兴并未售出，售者亦不复以“张鸣珂批校本”持售。缘分就是如此神奇，欣喜之余，决然收入囊中。

得书之后，复检“窳翁”资料，查得范笑我先生的一篇文章，兹录之如下。

“9月7日，周荣先微信发来《来生福》十二册书影及窳翁两题。周荣先说：‘张鸣珂，号窳翁。’《来生福》弹词三十六回，全套三十六册，清橘中逸叟著，同治九年刻本，江苏仪征图书馆有藏。周荣先发来的残套，其中十七回尾页，窳翁题跋写道：‘廿一日灯右读此，谚云“百岁难遇岁朝春”，道光九年己丑一遇岁朝春之时，余才十二龄耳，明年甲戌又遇正月初一立春，则余年六十九矣，却甚难得也，窳翁并记。’张鸣珂（1829—1908），字公束，号玉珊，晚号寒松老人、窳翁，嘉兴人，清咸丰十一年（1861）拔贡，官江西德兴县知县，义宁州知州。辞官后，晚年侨寓嘉兴石佛寺镇，嗜书，藏书逾万卷，工词，以婉丽著称。著有《寒松阁谈艺录》《寒松阁诗集》《寒松阁词》等。窳翁题跋云：‘道光九年己丑一遇岁朝春之时，余才十二龄耳。’道光九年己丑即1829年，嘉兴张鸣珂出生之年，此窳翁，显然不是张鸣珂。”

范笑我经过考证得知，按照此书上的题记计算年纪，此“窳翁”当比张鸣珂大十二岁有余。又检得2017年4月16日《江南晚报》有《来生福》的作者考一文，言及沈燮元先生当年尝有撰写《来生福》的作者考一文，并于《锡山秦氏文钞》中得知著者“橘中逸叟”为秦永年，言此书最早版本现藏于南开大学，为乾隆年间二十册三十六回刻本。

得书后，笔者迫不及待逐页翻阅，期待在片言只字中找寻蛛丝马迹，以图解开心中疑惑，确定此“窳翁”之身份。经解读，发现书内批跋多有涉及延医问药法门及医家故实，信手拈来，非精于医道之人不能为也。

“‘身如冰冷胸中热’七字，其病显然若不将‘温’字讹作‘瘟’字，则顾名思义，自有治法，奈何姜一贴。王百龄本皆混饭吃者，安能识得病原转危为安也哉。其云‘精血全亏者’，即俞嘉言此谓少阴症，而叶天士‘席姓七案’所揠脏也，用意明白如话，读者尚不懂否。”（第九回二十三页眉批）

“《世补斋医书》“湿热”三篇，《喘字辨》一篇可细参之。”（第九回二十六页眉批）

“此《世补斋书》所符也，桃源洞岂真在世外哉，凡人有病服过不谢方者，无一不精神清奕、口能开也。”（第九回三十页眉批）

“昨晚读《洄溪医案》，未开卷。”（第十三回末页跋）

“昨得费芸舫宫兄书。”（第十五回末页跋）经查，费延厘（1835—1893），字芸舫，吴江人，同治四年（1865）二甲进士。

“取用狄梁公脑后下针、鼻端疣落之事，敷衍成文。”（第二十九回四十三页眉批）

“嘉道中曾有徐炳南、曹仁伯两公到吾大父门请教，此外无人也，三锡毕竟尚有人心。按，世医也。”（第二十九回四十六页原文“三锡即时来请教，要将医法讲吾听”眉批）曹仁伯（1767—1837），名存心，号乐山，常熟福山人。

“余曾有句云：‘编捡竟无医俗法，穷搜独少疗须方。’”（第二十七回三十八页眉批）

“王三锡定是以滋阴腻滞之药，留住气郁之病，所以加病如此之速，防欠吐血当可应口断此妙也。仙根显然知前药之祸不至于此，‘防’字之妙，妙不可言。”（第三十三回三十六页眉批）

“凡一切表散之药都是仙茅，此外温症则是石膏一路，寒疫则附子一路，皆返魂香也。”（第三十四回十七页眉批）

鬻书多年，对陆懋修所著《世补斋医书》《世补斋不谢方》甚为熟悉，批语中数度提及“世补斋”，难道是一种巧合？日前方得陆懋修子陆润庠在《世补斋医书》初刻成时所书短简一纸，似是前缘早定，冥冥中已然昭示。此书定与陆家有关系。

为验证心中呼之欲出的答案，继续在书中爬梳。

第十回末页跋云：“今日幕友赵晋卿钧、孙得之传凤自里门来，云，于前月十三日启行，共走二十三天，中间守风两日，大约水陆路程以二十日为准，附志于此，以俟三年服满，倘得南旋略有把握，然恐此愿未易偿耳。窳翁读毕并记。”赵钧，字晋卿，光绪时人，医家，著有《辟阴集说》。孙传凤（？—1890），字得之，号洨民，吴县人，光绪十五年（1889）举人，著有《味经庐丛稿》。

第十七回跋云：“道光九年己丑一遇岁朝春之时，余才十二龄耳。”

第二十九回三十二页原文“苏州神仙庙”眉批云：“今名福济观，去吾家不过里许。”

第三十六回末页有乙酉年（1885）十二月跋，字有缺损，跋云：“活人有术方是仙根，作者之意□乎术矣。此书自小春廿五日开卷，计以五十日，至今夜读竟，回首四十余年，重新展诵，如逢故人，自顾此身已□，是福正不必问，今生（后缺）乙酉十二月十□□□读毕并识。”后钤一印“九芝”，依然可以辨认。

综上所述，此书所作批跋语的“窳翁”，必陆懋修无疑。

据“道光九年己丑余才十二龄”判断，陆懋修道光九年（1829）十二岁，与其虚龄吻合；“九芝”之字亦合；“今名福济观，去吾家不过里许”，陆润庠故居在今阊门内下塘街10号，与神仙庙在同一条街上，相距确是“里许”；眉批多处内容，与其世医身份相合；乙酉（1885）为其故去前一年，其时陆润庠入值南书房，为光绪皇帝侍读，其母生日，才会出现“贺客自抚藩而下俱挡驾”的事。唯跋语“明年甲戌又遇正月初一立春，则余年六十九矣”有误，其六十九岁应为光绪十二年（1886），当是丙戌，误作甲戌，当是笔误。

陆懋修（1818—1886），字九芝，一字勉旃，号江左下士、林屋山人、窳翁等，元和（今苏州）人。家为世医，少攻举业，道光二十一年（1841）春入吴庠，后因累试不第而承家业。咸丰中，粤匪扰江南，转徙上海，竟以医名。其医远从柯琴、尤怡之论，近承其外曾祖王丙（朴庄）之学，宗旨恪守张仲景，认为温病即包括在伤寒中，治温病法不出《伤寒论》之外，又区别温病与瘟疫之不同，纠正医者误混。及子陆润庠登第，就养京邸，著述至老不倦。《清史稿》有传。尝应乡人之请，著《乡音字类》，为现存唯一的综合反映十九世纪中叶苏州话读音系统的珍贵资料。又有《岭上白云集》十二卷、《窳翁文钞》四卷、《世补斋医书》（包括《文集》《不谢方》《〈伤寒论〉阳明病释》《〈内经〉运气病释》《〈内经〉运气表》《〈内经〉难字音义》，且重订及校正《傅青主女科》《广温热论》《理虚元鉴》《校正王朴庄〈伤寒论注〉》，合为《世补斋医书续集》，有光绪刻本传世，俱为其子陆润庠校订刊行。

继阅光绪二十三年（1897）刻本《窳翁文钞》，卷四有《翰香兄述略》，述及其兄陆绍修（字翰香）殁于道光二十四年（1844），其父陆嵩在镇江府学训导任上，以绍修子嗣不存，故以弟懋修之子润庠于灵床前成礼为嗣子。这与第十回末页跋“四十年前尚在服中”之语相符。

陆懋修手迹，坊间鲜见，先贤遗泽与我有缘，与苏州有缘，得以经余手携归其故里，引以为幸事！

夜航船散记

张建林

一、夜航船古已有之

周作人《知堂回想录》中有一篇《夜航船》，介绍了埠船与航船的区别："绍兴和江浙一带都是水乡，交通以船为主，城乡各处水路四通八达，人们出门一步，就须靠仗它，而使船与坐船的本领也特别的高明，所谓'南人使船如马达'，这句话也是极为确当的。乡下不分远近，都有公用的交通机关，这便是埠船，以白天开行者为限，若是夜里行船的则称为航船，虽不说夜航船而自包含夜航的意思。普通船只，船篷用竹编成梅花眼，中间夹以竹箬，长方的一片，屈两头在船舷定住，都用黑色油漆，所以通称为乌篷船，若是埠船则用白篷，航船自然也是事同一律。"苏州吴江一带，似乎没有听到过埠船的叫法。只要是载人载物的，不分白天黑夜，都称作航船。

我一直关注夜航船的有关资料。除了张岱的《夜航船》外，还先后买了阿英的《夜航集》和王稼句的《夜航船上》。

王稼句先生的《夜航船上·题记》，提到许多关于夜航船的资料，内容十分丰富："夜航船很早就有了，江浙一带特别多，陶九成《南村辍耕录》卷十一就说：'凡篙师于城埠市镇人烟凑集去处，招聚客旅，装载夜行者，谓之夜航船。太平之时，在处有之，然古乐府有《夜航船曲》，皮日休诗有"明朝有物充君信，榷酒三瓶寄夜航”之句，则此名亦古矣。’张懿孙的一首《枫桥夜泊》，牙牙学语的孩儿都会背诵，那‘夜半钟声到客船’的客船，在秋深霜重的夜半三更，渐渐靠近市镇的驳岸，不就是夜航船吗？”可知夜航船古已有之，起源很早。王稼句先生在《题记》中提到平望籍史学家唐长孺的一首诗：“这种船在内河航行，体量不大，舱中更是狭窄，乘客虽各占一席，但挨得很紧，往往左右两排，抵足而眠。唐长孺《夜航行》便咏道：‘偪仄偪仄秋夜航，吴音杂沓汗流浆。梔楼劣容六七辈，燃髯熏耳炊烟黄。袽衣失戒俄水入，神惊胆落成仓皇。羊肠虽狭无此险，尚有余地停车箱。弥明鼾睡那办此，得跛男子应非常。鸡号四野曙光合，邻舟稍稍希灯光。浪游湖海别作计，驾舟万斛昇扶桑。’沈石田《客座新闻》更记一诗云：‘两浙无车马，乘船便当街。浑身着木屐，未死入棺材。退壳钻篷出，擉梭下堰来。夜深相并处，尔笼我侬开。’只是乘坐夜航价钿便宜，既赶了路程，又省了旅栈支出，故客人还是很多的。特别是岁暮时节，远客还乡，船上更是挤匝了，袁春巢《吴郡岁华纪丽》卷十一就说：‘吴中乡镇四布，往返郡城，商贩必觅航船以代步，日夜更番，迭相来往，夜航之设，固四时皆有之。惟是残冬将尽，岁事峥嵘，夜航之中，行人拥挤，长途灯火，肃肃宵征，瑟缩篷窗，劬劳堪悯。其中间有豪客诙谐，笑谈风发，或唱无字曲，歌呼呜呜，声闻远岸，其情景亦有可纪者焉。’”

以上是关于旧时夜航船的有关记载。

范烟桥也写过一篇《夜航闲话》，所记是他的一次亲身经历。作者经常乘坐航船，每月至少有一两次。但这一次航行了二十四里路，一路上又发生了一些有趣的事。一起乘坐航船的某君，给范烟桥讲了不少旧闻，范烟桥作了归纳，主要内容有：一、压货猪之恶作剧；二、纸头人之破获；三、龟去壳，大如鼍；四、刘猛将驱蝗；五、立庙祀黄鳝精。范烟桥听了，觉得像是读《封神榜》《西游记》一样。

二、夜航船往事

长期生活在苏州的黎里人徐文蕉老师，看了我的航船的文字后留言：“你可能没坐过。“文化大革命”中为生计，我从苏州民间工艺厂拿了蛋壳赶回黎里，曾坐过苏州到上海的夜航船。没有诗意，只有凄凉！到黎里轮船码头，已是夜里十一点多钟了，母亲来轮船码头等候我。黎里当时的码头在现在自来水厂附近。昏暗的夜色就只有天上的月光了。”徐老师是中学退休老师，看过她的文章，写得很好。

张舫澜先生回忆旧时航船时说：“过去（指民国时期到苏州解放初期）我们江南水网地区轮船还少，主要是靠木制的‘航船’（船型较小、载客较少的航船叫‘小航船’），又因是用橹来摇的，故称航船的船主叫‘摇航船’。水乡航船一般都是客货两用的，既乘‘上街浪’‘做生意’‘做客人’的人，也兼装货物。例如芦墟生禄斋的月饼茶食、洪昌酱园的几年头陈黄酒、上好酱油等特产较多通过航船运送。当时分湖流域芦墟、黎里、莘塔、北厍、周庄等镇的航船主要是分两大类：一种是绍兴帮即绍兴船，船型较大，当时绍兴航船力量较强，特别是绍兴人杨麒麟和他儿子杨三元，与杨家姻亲顾双寿两家是绍兴船中生意做得最好的，很兴旺，很有气派的。主要是摇嘉善、枫泾、松江、苏州等线路，到了苏州解放前几年他们还买了四条轮船，新中国成立后在公私合营中顾家义子进了上海十六铺轮船公司，亲生儿子进了苏州轮船公司，杨家加入嘉善轮船公司，杨三元后回芦入运输公司（开初叫航船社），这是对私改造时期所谓合作化道路的结果。于此可见绍兴航船的实力吧！杨三元即杨文英、杨敬伟的父亲，详细情况您去采访敬伟吧。摇短路邻镇的小航船很多，芦墟到莘塔、北厍、黎里、周庄、西塘、练塘等集镇都有。谈到航船的老板，莘塔班的是叫招兄，北厍班我记得很清楚，叫龙生，住在两个沈氏跨街楼中间的汪家弄里的，他有个女儿叫荷珍，长得很好看，后来嫁给义兴祥绸布店地下党员、新中国成立后任芦墟镇领导的陈海寿。还有从较有名的乡村开到芦墟的，也有好几只小航船，如以我的故乡北厍大义、浮楼开出到芦墟的，一只叫刘福小航船，我从小坐过不知多少次了，摇航船的船主叫刘福，其实他是大义柳家墙门的，因从小过房刘王老爷（即刘猛将军）赐名刘福，自己的姓反而不提了，而且也巧，他原姓‘柳’，与‘刘’字方言的发音相近，也就省略了。还有，记得我小时候到芦墟庄家圩猛将庙附近的西张港姨母家去做客，那里也有摇往芦墟的小航船呢！再讲，绍兴航船是用敲小锣招客，民间称之为‘汤汤班’（‘汤汤’系指敲小锣的声音）。而小航船一般是吹一种海螺来招客，但也有用小锣招揽乘客。我从小乘的刘福航船就是用敲小锣作为招呼客人的信号的。这刘福的帮手就是他的儿子，叫小刘，也是刘王老爷的干儿子，乘客与他开玩笑，说“你们父子俩都过房刘大老爷成了弟兄了”，说到此，一船乘客都哈哈大笑起来了！这刘福高兴时，父子俩摇航船经过分湖时，还提高嗓子‘呜啊嗨嗨’地唱起芦墟山歌来……”

周作人写故乡风物很多，乌篷船、夜航船写了又写。最有名的是《乌篷船》，他说：“普通坐的都是‘乌篷船’，白篷的大抵作航船用，坐夜航船到西陵去也是特别的风趣。”他乘过普通的航船，也乘过夜航船。“夜航船中乘客众多，三教九流无所不有，而且夜长岑寂，大家便以谈天消遣，就是自己不曾插嘴，单是听听也是很有兴趣的”。绍兴还有一种船叫埠船，是公用的交通工具，白天航行。夜里航行的船称为航船。绍兴的航船，似乎以夜里航行为主，这与苏州、吴江一带不太一样。周作人有一组《往昔三十首》，其中有一首《夜航船》，诗云：“往昔常行旅，吾爱夜航船。船身长丈许，白篷竹叶笘。旅客颠倒卧，开铺费百钱。来船靠塘下，呼声到枕边。火舱明残烛，邻座各笑言。秀才与和尚，共语亦有缘。尧舜本一人，澹台乃二贤。小僧容伸腿，一觉得安眠。晨泊西陵渡，朝日未上檐。徐步出镇口，钱塘在眼前。”可见，周作人不止一次乘坐过夜航船。并且，他是喜欢夜航船的。

吴藕汀先生《药窗诗话》中有一篇《快班船》，写的就是绍兴人的航船。文中写道：“虽然已经有了轮船，但是比较小的市镇上还没有通行。在这二三十年的空间里，有一种叫‘乌篷船’的来填补载客运货的交通工具。这种船只，都是从绍兴传过来的，船身狭长，前低后高，有橹四支，同时摇动，还有一人坐在船头上扳桨，比起一艘航船来自然觉得很快了，所以叫做‘快班船’。船主和船伙都是绍兴人，他们的绍兴土话随处可以听到。开船的时候，是敲小的铜锣，要敲到摇出市外，沿途过小市镇，也要镗镗地敲起来，表示船已经来了，客人可以准备下船，故而又有人叫它‘镗镗船’。这种船，船舱狭窄，不管乘客人多，尽管让客人挤下去，要到坐无隙地为止。船上人的铜钱本来看得很重，哪里肯好端端放过一个客人。这样的船行驶在河港里，船尾高耸，船头几乎碰着了水，虽快但不稳，顺风还要扯篷，船身侧在一边，非常危险，而他们的船户‘死人不管’，只有硬着教人不要动。故而倾覆之事，虽少但难免。这种船最显著的是把木舵倒立在船尾上，写着经过码头的地名。倘使几只‘乌篷船’停在一起处，客人也不会乘错了船。船上主人称为‘航船班子’，除了管理船上事务，还帮助扳桨、敲锣。一到码头，上岸至各商店，接洽来往代办货物，收取少量报酬。凭他们传递信息，联络亲友，也是必要。”

曾插队吴江七都的北固山告诉我：“老早乘航船价钱便宜，现在乘乡村公交车老年人不要钱。最近我预约的鼠年纪念币因为苏州吴中都光了，只有七都还有，就预约的到七都农行兑换。1月17日，和同学一起在汽车南站乘92路换了四班公交车经松陵、横扇，一直到七都，来去花了七个小时。”

北固山说：“我们插队时省点钱就乘苏州到湖州的轮船，一元二角，到南浔走下去；乘长途汽车到南浔，一元五角。”

余秋雨曾在吴江坐过航船，他与一群大学毕业的知识青年来到吴江的东太湖农场参加劳动，后来，接到通知回城。他和大学生们连夜步行到松陵镇，坐夜航船到苏州，再乘坐火车回上海。二十年后，余秋雨回忆：“夜航船行进在夜的土地，夜的河港。岸边的村庄黑森森地后退，惊起的水鸟掠着翅膀低飞几圈又回巢了。这条河流淌的是千年波涛，吴地历来文化繁盛，文人的夜航十分平常。明代盛大无比的虎丘山曲会，参赛文人大多是坐船去的，唐寅他们的人生故事，好大一半发生在船上，直到柳亚子先生为南社奔忙，也不得不经常坐船夜航。今天是我们在船上，从千古吴江到千古苏州，去干什么呢？不知道。一群没有了书的书生，茫茫然，昏昏然，一个个打起了瞌睡。就这样，我终于坐了一次夜航船。”

这也许是一次让余秋雨终生难忘的航行。

余秋雨还写过一篇《夜航船》的文章，其中写道：“一个坐夜航船到上海去谋生的人突然成了暴发户。他回乡重修宅院，为了防范匪盗，在宅院四周挖了河，筑一座小桥开通门户。宅院东侧的河边，专修一个船码头，夜航船每晚要在那里停靠，他们家的人员货物往来多得很。夜航船专为他们辟了一个精雅小舱，经常有人从平展展的青石阶梯上下来，几个用人挑着足够半月之用的食物上船。有时，用人手上还会提着一捆书，这在乡间是稀罕之物。山民们傻想着小舱内酒足饭饱、展卷卧读的神仙日子。船老大也渐渐气派起来。我家邻村就有一个开夜航船的船老大，早已成为全村艳羡的脚色。过去，坐他船的大多是私盐贩子，因此航船经常要在沿途受到缉查。缉查到了，私盐贩子总被捆绑起来，去承受一种叫做‘趱杠’的酷刑。这种酷刑常常使私盐贩子一命呜呼。船老大也会被看成是同伙，虽不做‘趱杠’，却要吊打。现在，缉查人员拦住夜航船，见到的常常是神态高傲的殷富文士，只好点头哈腰连忙放行。船老大也就以利言相讥，出一口积压多年的鸟气。每次船老大回村，总是背着那支大橹。航船的橹背走了，别人也就无法偷走那条船。这支橹，就像现今小汽车上的钥匙。船老大再劳累，背橹进村时总把腰挺得直直的，摆足了一副凯旋的架势。放下橹，草草洗过脸，就开始喝酒。灯光亮堂，并不关门，让亮光照彻全村。从别的码头捎来的下酒菜，每每引得乡人垂涎欲滴。连灌数盅后他开始讲话，内容不离这次航行的船客，谈他们的风雅和富有。”

余秋雨是余姚人，写《夜航船》这部书的张岱是绍兴人。余姚、绍兴和吴江一样，是江南水乡，夜航船的故事，一直很生动地、很鲜活地在这片富有传奇色彩的土地上流传着……

江南地区水网密布，在交通不发达的年代，很长一段时间内，船是最重要的交通工具。江河有大小，船也因此大小不等。有了船以后，可能不久就有了载人载物作商用运输的航船，也随之产生了白天与夜晚的区分。明末堵胤锡编有《榷政纪略》一书，收录了他主政杭州运河北新钞关时的公牍文书，其中提及当时有专门的“夜航船，各埠共计二十余艘”。这是晚明的情形，“夜航船”早已是专名。

包天笑在《钏影楼回忆录》中提到过乘船远航的情景：“那时从苏州到上海，还没有火车，也没有小火轮，更没有长途汽车，只有民船，雇一民船，自苏州到上海，要经过三天两夜。全部不用机力，只用人力移动的，顺风张帆，逆风背牵。我们那时雇了一条船，叫做‘无锡快’，在这船里坐卧，倒也舒适。亲戚们还送了许多‘路菜’，如酱鸭、熏鱼、火腿、皮蛋之类，饭是船上烧的，可怜祖母、母亲，心中挂念着父亲，哪里还吃得下饭。这条民船，白天开行，夜里是要停泊的。停泊有停泊的地方，他们船家是晓得的。停泊的船，也不能是一条，往往要和别家的船停泊在一处，船家们也常有互相认识的。雇船的人也往往和人家做了‘船乡邻’，互相交际，成为朋友。我们的船，第一夜停泊在正仪，第二夜停泊在黄渡，四处都有‘船乡邻’。船家行船规则，在太阳落山之时，就要停船，明晨天刚一亮，便即开船启程了。”文中的民船，应该就是以运输为业的航船。

徐文蕉老师回忆了与航船有关的一件旧事。黎里有名的金林航船，“文化大革命”中，交通中断，她为生计到苏州民间工艺厂交蛋壳生活，只能坐他们的航船。早上五点左右从黎里出发。沿大运河北上，到苏州已是万家灯火。有一天，同行的正好有王美玲，带着蹒跚学步的儿子陈新。原来他们是不相识的，现在在一个船舱窄窄的空间，整整一天时间。最难得的是孩子，真的是个乖小人，到苏州分手时竟对徐老师恋恋不舍。这次相处产生的友情延续至今，半个世纪多了。徐老师感慨地说：“岁月静好，感恩当时的航船，救了我们全家一命。现在与美玲大姐网上天天见，她儿子陈新已去美国深造。”

三、航道，曾是江南水乡的水上动脉

自古以来，江南水乡的水上交通极为便捷。据称，汾湖至芦墟塘航道，春秋迄今历来是沟通浙北、苏南和上海的水运走廊；人工运河太浦河，西起太湖，东连黄浦，是穿越镇区的又一水上动脉。2000年，境内共有干线航道四条，总长度26公里。

据《芦墟镇志》记载，二十世纪六十年代前，芦墟的运输主要是靠水上航道。主要航道如下。

湖州—上海航线，航运业界称“长湖申线”。该航线西起浙江湖州长兴，东至上海，全长159.4公里，属国家级干线航道。芦墟段西起汾湖东西港口，经南栅港至芦墟塘野猫圩，全长8.5公里，为四级航道。

苏州—芦墟航线。此水路在明清就是松江—嘉善—芦墟—苏州的繁忙商业通道。1916年就有苏州至芦墟的客运班轮。

芦墟—嘉善航线。清光绪三十一年（1905）至三十四年（1908），奉化人王清夫经营一艘木质客轮，行驶于芦墟—下甸庙—西塘—嘉善。

芦墟—周庄航线。清咸丰年间有芦墟至周庄的航船，1916年有嘉善至周庄的班轮记录。此航线自芦墟北栅漾—窑港—三白荡—莘塔卖盐港至周庄，全长13.8公里。

湖中乙线，航运部门又称“太浦河航线”。二十世纪六十年代，人工开挖的太浦河一期工程结束。芦墟境内西起汾湖东港口，东至青浦金泽池家港，航程10.2公里。1973年太浦河芦墟段初步通航。

芦墟等外航道除到周庄和元荡天缺口外，还有芦墟东栅（或南栅）向东进泾（金）字港，入韩郎荡，经伟明大桥港、张青荡去浙江或上海。

资料表明，地处汾湖之滨的芦墟，自古以来，水上交通方便。明清时期，芦墟是苏州、松江、浙江区域从事长途客运或贩卖米粮、棉纱、布匹的民船、商船集散地。民国时期，轮船和航船客货运输的生意颇为兴旺。新中国成立后，随着经济的发展，人民生活水平的提高，水上运输业更见兴旺。1989年10月统计，芦墟拥有各类运输船达三千二百三十五条，堪称鼎盛时期。

客运船只主要有四种，摇客船、航船、机船摆客和轮船。

摇客船是无固定航线，客货并载以客为主的木帆船。可载客三五人，载货量在两吨以下。每至一地，船主跑街兜揽生意，要价高于其他客船。只有赶不上班船的旅客才乘坐此船。船主有生意开航，其他时间则种田、捕鱼、做搬运工等。民国期间，芦墟地区从事该职业的人数在四五十人。新中国成立后，随着客运班船的增多而被淘汰。

航船是有固定航线，沟通城乡交通的木船，又称航快船。尖头乌篷的称绍兴船，又称锣船。这种船上有遮棚，两旁启风窗，双橹或加橹，以载客为主，可容十至二十人，装货一般不超过五吨，同时还兼捎带邮件、代购货物等。芦墟地区的航船客运，最早的文字记载见于清咸丰十年（1860）至同治五年（1866）的《柳兆薰日记》，当时已有芦墟至北库、周庄、上海等地的班次。1916年，有锣船开往同里、南浔等地，航快船开往黎里、金泽的记载。1937年，芦墟市河里停靠的航船有二十余条。日军侵占芦墟时，抢船拉夫，航船运输业遭受严重摧残。抗日战争胜利后的1947年5月，芦墟境内的航船共有二十六条。至1954年，尚在行驶的航船减至十五条，在保持原有十四条航线的基础上，另辟了俞家汇（浙江嘉善）、枫泾（上海金山）、吴江、平望等航线，并增加了中途停靠码头。在以后的几年里，航船数量有所增加。1958年，政府组织十七条航船六十二人成立了合作社，水上客运纳入正规。1965年的客运量达十二万六千人次。二十世纪七八十年代，是芦墟航船业最兴旺的时期，原来靠手摇橹的小木船成了机动小客班，航线由近而远拓展，船舶也由小变大，甚至向钢质船方向发展。1982年11月，芦墟至周庄的航道由原先的十八吨木质小客班，更新为二十五吨一百座的钢质机动客班，年客运量七万多人次。

以后，随着公路建设的日益完善，公交车辆的迅速发展，至1985年底，除芦墟至周庄的航班外，其余航线都已停航。1988年4月，最后一班停开，运输部门的航船客运告绝。

四、莘塔的航船

我的家乡莘塔，是吴江的一个小镇。

上次在群里聊过家乡莘塔的航船，我记得童年时乘坐过，但印象已很模糊了。群友回忆说，儿时从莘塔南货店下滩乘招兄（一个中年妇女的名字）把橹的摇船，到芦墟北栅老轮船码头下船。

招兄在当时就是芦墟、莘塔的信使，有的人要寄东西，也是托招兄的，譬如从芦墟寄几十只煤球或衣物等就托她，到了目的地，就给她几毛钱当走钿，至于没给钱而托招兄办事的，只要她能做到，她还是乐意办的。招兄是个蛮扎顿的中年妇女，黑里透红的方脸，整天乐呵呵的。航船刚到酱油店下滩（即里仁桥南面一点），或从这里启航时，上空总会飘着一连串的“招兄”“招兄”“招兄”……那是小镇居民的呼唤声，招兄总是很响亮地答应他们。

后来，有了屯芦班（屯村至芦墟的客轮），人工摇橹的航船就被淘汰了。招兄也从此逐渐淡出了人们的记忆。

莘塔的航船有遮棚，船上有窗，分单橹和双橹航船两种。以载客为主，装货一般不多。有时也捎带邮件、代购货物。

航船船型有本地的朱洪船、三塔子和绍兴的乌篷船，载重量一至六吨，载客十至三十人。

据《莘塔镇志》记载，1932年，莘塔内河有李锦高航船一艘，载重量五十石，往返于莘塔、陶庄；周亿平航船一艘，载重量五十石，往返于莘塔、芦墟。1947年，莘塔有两艘定班航船。一艘是吴姓船主，往返于莘塔、芦墟（新中国成立后，归属芦墟航运社经营）；另一艘是徐姓船主，往返于莘塔、青浦金泽镇。途经莘塔的航船还有芦墟至周庄、周庄至西塘、陈墓至西塘、芦墟至同里、北厍至朱家角等。1966年4月，平望航运社将平望至北厍的航线延伸至莘塔。1947年，莘塔有吴家航船两艘，一艘从芦墟至莘塔，起点在芦墟懋记，终点在莘塔泰隆；另一艘从莘塔至芦墟，起点在莘塔广泰昌，终点在芦墟懋记。陆家航船一艘，周庄至芦墟，途经莘塔，起点在周庄隆兴祥，终点在芦墟恒裕。杨家航船一艘，西塘至周庄，途经芦墟、莘塔，起点西塘朝南坎，终点周庄爱吾园。徐家航船一艘，莘塔至金泽，起点莘塔仁寿堂，终点金泽塔湾桥。

镇志上无苏州解放后莘塔境内航船情况记录。

据《北厍镇志》记载，航船是从事短途载客运货，往返于周边集镇。一般清晨开船，下午返回，个别航程较远的则隔日来回。1926年，盛泽开往北厍的航船有两艘，分属于王、沈两姓，隔日来回。王姓航船逢单日上午在盛泽万阳春启航。沈姓航船逢双日上午在盛泽东庙开航。1932年，有胡长生、李宝生、仇良德、李德高四艘航船，往返于吴江、芦墟间，每艘船都在北厍停靠，接送货物，招揽乘客。1946年，俞金生航船往返于盛泽、周庄，经过北厍镇区停靠；潘永昌航船从北厍开往金家坝、同里；徐福来航船由同里开往北厍、芦墟；另有陆家航船由同里开往嘉兴，上午经北厍停靠，相隔四天一班。二十世纪六十年代末，北厍至黎里每天有四班机动航船往返，1980年停航。离集镇较远的浮楼、大义、大港上、沈家港、南参等村，各以小型木质船改装的小航船，上午从本村出发，沿途揽客接货后，分别开往芦墟、黎里、北厍镇区的固定停泊点，下午返回。该种形式的航船延续到二十世纪七十年代末。

从芦墟、莘塔、北厍等镇的镇志记载来看，未见有夜班航船的文字资料。同里开往嘉兴隔四天一班的航船，是否夜间航行，不得而知。

“势”是书法艺术的本体美

——蔡邕《九势》读析

潘振元

蔡邕(133—192),东汉陈留圉(今河南杞县西南)人,字伯喈,灵帝时为仪郎,曾任左中郎将,故人称蔡中郎。因遭谗言,避祸南下,于吴地隐居了十二年。蔡邕善辞章、数术、天文、音律,琴艺高超,书法名闻天下。据《后汉书·蔡邕传》记载,其所书石经,“及碑始立,其观视及摹写者,车乘日千余辆,填塞巷陌”。其隶书与飞白书被视为典范与神品,而隶书则成了通行的书写法则。因此,当其寓居吴地期间,江南的名门顾家,便让后来担任吴国丞相的顾雍拜其为师,学习书法与古琴。蔡邕除了在书法艺术上的成就外,在书法理论上也有杰出的贡献,成为当时书法理论的集大成者。他流传下来的论著有《笔赋》《篆势》《笔论》与《九势》四篇。涉及书论美学的“形”“散”和“势”三个层面,特别是提出了“书肇自然”的书法观与“势”所表现出的艺术美。他的一篇《九势》,字数仅二百零五字,却体大思精,成为中国书法艺术确立法度的第一块里程碑;首次用“自然”“阴阳”规律解释书法,将中国书法上升到哲学的高度;更重要的是对“势”的描述,首先揭示了“势”在书法艺术本体美方面的一些特性。

书法上谈“势”,最早出现在汉代。蔡邕的《九势》已从书法的本体与审美的角度上论“势”,揭示了“势”是蕴蓄在点画上的动势与力量。这一对书法“势”

的论述，标志着中国书法进入艺术的高度自觉。不仅点明了因势而成的书法本体，同时又阐明了“势”的基本内涵与取势的九种方法，这对我们认识书法与书法创作都起到了非常重要的作用。为此，我在疫情期间选择读析蔡邕的《九势》，探索其内涵，借以与大家交流。

《九势》的原文如下：

“夫书肇于自然，自然既立，阴阳生焉；阴阳既生，形势出矣。藏头护尾，力在其中，下笔有力，肌肤之丽。故曰：势来不可止，势去不可遏，惟笔软则奇怪生焉。凡落笔结字，上皆覆下，下以承上，使其形势递相映带，无使势背。转笔，宜左右回顾，无使节目孤露。藏锋，点画出入之迹，欲左先右，至回左亦尔。藏头，圆笔属纸，令笔心常在点画中行。护尾，画点势尽，力收之。疾势，出于啄磔之中，又在竖笔紧趯之内。掠笔，在于趱锋峻趯用之。涩势，在于紧駃战行之法。横鳞、竖勒之规。此名九势，得之虽无师授，亦能妙合古人，须翰墨功多，即造妙境耳。”

“夫书肇于自然”，开篇第一句的原意是书法形成于自然，这个“自然”应是老庄哲学中的自然概念，这是蔡邕最早把书法与自然联系在一起，揭示了“书法自然”的内在规律。也说明他最早就认识到：书法是对自然的认知与自然规律的把握，是“道”的外化与体现。但是，过去对这句话的解释，往往比较含糊片面。如王镇远《中国书法理论史》中对这一句的注释是“夫书肇于自然，即指出了中国文字的象形特征”，显然把书法的起源偏重于文字的象形特征，这是片面的理解。类似这种带有片面性的解释，还有乔志强的《中国古代书法理论解读》，将“自然”两字解释为“指自然界，自然事物”。李彤的《历代经典书论释读》解释是“自然：天然，非人为的”。此两者共同的问题是只看到汉字的自然特性，没有看到书法背后书写的人，更没有看到老子所讲哲学的自然。而且，他们都疏忽了“中国哲学最终的归宿是人”（杨成寅《太极哲学》）。如果没有了书写者，文字何以成为书法。而且，师法自然并非就事论事，依样画瓢，而是将客观的“自然之象”化作“心中之想”，书之于笔下，人在其中起着主导的作用。只有从人的角度分析其书写过程与自然哲理的关系，才能认识到书法的本然状态与本然的运动过程，即是老子所说的“自然而然”，才能师法自然而又不拘泥于自然，才会闻江声而想见其状，观物象而托物抒情，在运笔轻重提按、快慢节奏、开合擒纵、个性张扬中，将笔墨书写的运动轨迹，凝固在时间与空间中，使人们看到笔法的各种变化所形成的动势与力感，感悟到笔势中显现出的生命力。这个过程与先秦天人观念中孕育的“生命体验”相吻合。人首先是为自己存在的领会、感受、体悟这种经验方式活着，书法也因为这种潜在的意念，自然而然地不尚形似，而尚神似，以体验“天人合一”的境界，感悟“势”所再现的生命力。《文心雕龙》有一句说“契合自然之妙有，师法造化之神功”，就非常确切地表达了“书肇于自然”所体现的内涵。

另外，我们还要看到蔡邕此句中的一个“肇”字，用得极妙。“肇”字一般有两种解释，一种释为“开始”，另一种释为“发端，创始”。而前人在释“书肇于自然”时，大都将“肇”字释为开始。虽说也不能算错，但确有片面之嫌。因为它没有表达清楚“书”与“自然”之间的关联，忽略了人在书法与自然之间的主导作用。书法的形成是经过长期的书写实践，在“禀阴阳而动静”中，逐渐认知并掌握其“道法自然”的规律。因此，解释为“开始”，仅表达了模糊的时间概念；而解释为“创始”，就会联想到“创始”者，是人在道法自然的过程中，将写字渐变为中国独特的书法艺术。

对“夫书肇于自然”的解析，至少给了我们两点启示。

一是“肇”字给我们的启示。写字升华为书法的关键在于发挥人的主导作用，在道法自然中要不断融入书者的审美心灵，将人生的写照与人格的精神体现在书法中。蔡邕在另一篇《论书》中就明确指出：

“为书之体，须入其形，若坐若行，若飞若动，若往若来，若卧若起，若愁若喜，若虫食木叶，若利剑长戈，若强弓硬矢，若水火，若云雾，若日月。纵横有象者，方得谓之书矣。”

他所强调的“须入其形”，就是要在“托物抒情”中，将自然界各种动态转化到笔法点画中，通过这种转化，在“道法自然”中构成点画的自然属性、意象态势与生命节奏，使作品显现出一个可视或可感的形迹、势态、神情与生命意味。许慎《说文解字》云：“书者，如也。”对这个“如”字，宗白华先生在《美学与意境·中国书法里的美学思想》中是这样表述的：

“书的任务是如，写出来的字要‘如’我们心中对于物象的把握和理解。用抽象的点画表出‘物象之’，这也就是说物象中的‘文’，就是交织在一个物象里或物象和物象的相互关系里的长短、大小、疏密、朝揖、应接、向背、穿插等等的规律和结构。”

可以看出，宗白华对“如”字的表述，是用抽象点画的变化形态来表达心中的物象。这一表述给书法创作展示了广阔的想象空间，书者可以通过不同的审美状态或表意手段，在“道法自然”中，将各种自然物象的感觉与想象，在“似与不似”的追摹描绘、哲理探求、情趣感知与审美启发中，获取更多的意象选择，转化为创作的灵感表达。

在蔡邕的《笔论》中，也有从创作者的抒情角度为书法定义：“书者，散也。欲书先散怀抱，任情恣性，然后书之。”这个“散”字，含有散淡与抒发两层意思，要求书写前必须摆脱所有杂念与事务，将身心放松到非功利的自然状态，然后集中精神，扩散心胸，舒展怀抱，激发灵感，任情恣性地进入纯粹的书法创作，自然地抒发心中的天籁、情性或意象。这就是蔡邕的“书者，散也”的要义。用现代通俗的语言讲：散也，即是抒情。书法是要任情恣性抒发自己的怀抱与情感，从这一点讲，蔡邕在中国书法史上是首个提出书法的抒情功能，开创了中国书法精神化、心灵化的先河。

二是“自然”两字给我们的启示。因为书法艺术的载体是汉字，这使书法具有了实用性与观赏性的双重价值。也就是说，书法既要保持对汉字本体的平正、匀称、连贯等审美的理解；同时，又要成为自然之道的体现。要自觉融入“道法自然”。正如蔡邕《笔论》所讲：“纵横有可象者，方得为书。”这个“象”已不是指纯客观的物象，而是已融入主体的“象”。是经过书家的提炼与创造以及意象外化的书法形象。李泽厚主编的《中国美学史》（第一卷）在谈到蔡邕《篆势》“纵横有可象者，方得为书”时指出：

“中国书法艺术的理论一方面不把书法艺术的形象看作是自然形象的如实模拟，另一方面又不仅不否认，而且一再指出和充分确认书法艺术的形象是根源于自然形象的，这一思想值得重视。从一般的美学理论看，它显示了中国古代美学的一个重要特色，如本书所一再指出，这就是既不把艺术看成是对自然的模拟，又不否认艺术根源于自然，它始终把模拟的因素同超模拟的因素，具象的因素同抽象的因素和谐地统一在一起。”

这种“从不把抽象与具象互不相容地对立起来，而是力求要达到两者的和谐统一，最为集中地表现在书法艺术中”。所以，书法中的点画、结构、章法，始终要求像自然界大宇宙中的一个个小宇宙一样，从个体到整体始终保持自然的统一。正如孙过庭《书谱》云：“一点成一字之规，一字成终篇之准。”说明书法的每个部分，无论怎样“相鼓相荡，相推相摩”，做出什么变化，体现什么特色，追求什么风格，都要从细节到整体保持浑然一体，保持自然的、统一的、协调的、连贯的、无矫饰的、大朴无华的，以符合自然的规律。

“自然既立，阴阳生焉；阴阳既生，形势出矣。”这四句是承接“书肇于自然”后的延伸。原意是自然规则在书法中得以运用，使阴阳两极的属性在书法中形成。阴阳对立统一所生成的变化，引发书法艺术各种“形势”与“笔势”的出现。这段话虽很简洁，寥寥十六个字，却概括了书法“道法自然”的过程，其哲学思想明显是从东汉盛行的阴阳学说中来。《易传》认为，宇宙天地间万物发展变化的原则，在于事物内部存在阴与阳，阳动而阴静，阳刚与阴柔，阳放而阴敛，阳虚而阴实。书法取法于自然，包含了动静、刚柔、放敛、虚实等两种对立因素的相互作用。如“刚柔相推而生变化”（《系辞下》）。书法在一阴一阳的相摩相荡，相异相生，相反相成的变化中，产生了形与势，达到“形势出矣”的艺术效果。这“形势”二字，是指书法的形与势，即书法“存在的形”与“运动的势”，这是书法艺术赖以形成的生机与活力。在理论上也可讲是书法的形式与内容，所谓书法“存在的形”，是讲书写的文字点画、表里都包含着“势”的形态，这种“势”是点画上看得见的富有张力的弧形曲线，是书法存在的特殊形式；而在点画内外由技能与情感等因素转化而成的动态与审美感受，则是书法蕴含的艺术内容。形式与内容两者的统一，使书法成为具有审美价值的一种艺术，以引发人们强烈的心理感应与审美感受。这说明只要书者具有了阴阳矛盾统一的运动意识，就会在书写中显现出“形”与“势”的审美效果，就会从不自觉到自觉去追寻书写中产生的“势”，我们可以称之为取势。“势”的最大动因是力，如果书写没有力，就不会有“势”，也就不存在书法艺术，这就是“皮之不存，毛将焉附”的道理。

上面的一些表述，使我们认识到书法艺术形成的过程：必须先要在用笔中有力，因力而动，因动成势，在阴阳对立统一中表现人化了的自然。即在一阴一阳，刚柔相推之中，融入书者的感受与认识，在形式转化为内容的同时，生发出各不相同的形态、性状、风貌、神采与境界。这在清代沈宗骞《芥舟学画编·用笔》中已有非常精彩的描述。

“挟风雨雷霆之势，具神工鬼斧之奇，语其坚则千夫不易，论其锐则七札可穿。仍能出之于自然，运之于优游。无跋扈飞扬之躁率，有沉着痛快之精能。如剑锈土花，中含坚质，鼎包翠碧，外耀光华，此能尽笔之刚德者也；柔如绕指，软若兜罗，欲断还连，似轻而重……此能尽笔之柔德者也。”

这里所说的中国书画用笔有刚柔两种类型：一种是阳刚美，有“中含坚质”之刚，可刺穿七层铠甲；另一种是阴柔美，如“软若兜罗”（野蚕茧）之柔。这阳刚与阴柔两种不同之美，是指书法在“道法自然”的过程中，在阴阳兼备的对立统一中，相反相成，既能痛快地挥洒出“风雨雷霆之势”，又能沉着地写出“神工鬼斧之奇”。这可以说是“形势出矣”的内涵所在。

古人对“势”的理解，在汉代之前，其义多为权势、形势、态势等。自引入书法领域后，“势”便带有运动与力的属性，成为中国书法理论的重要范畴。但对“势”的理解一直没有完全到位，包括近代的一些学者也往往犯望文生义的毛病，将“势”字释为“势者，标准也”，如果在书法中作这样的解释，那么，同在《九势》的“势来不可止，势去不可遏”中的“势”字，作何解释呢？显然将书法的“势”释为“标准”是不妥的。汉代人对“势”的理解，已看到了是书法的力量与动态之美，这是书法审美方面的创举。但对“势”在书法中应有的位置，还没有明确表述。我在十多年前曾在一次《书法艺术及其欣赏》的书法讲座上，对书法“势”作了初步的探讨，现将相关内容摘录如下。

“书法以文字为载体，因此它是带有形象性的艺术，以文字为依托，构成一种以文字为主体的形式美。另一方面，书法又具有抽象的美，那就是依附在文字点画上的‘势’，它是由毛笔书写赋予文字的一种生命的律动，使人们在欣赏书法时会感到一点一画在显示、在运动、在变化，同时感受到其中的情感和美感。那么，人们不禁要问，这种‘势’能不能说得更具体一点呢？它的表现形态是什么呢？笔者想说的是，'势'就是依附在文字点画上能显示一定方向的、动感的、力感的势态，即在文字点画周边带有张力的曲线，包括点画运动的向背和趋势。这种由毛笔运行过程中产生的作用力与反作用力，在点画上形成具有动感与张力的曲线，凝固在平面的静止的文字这个空间形式中，形成我们能从作品中看到与感受到的一种能显露作者情感、节律等丰富内容的视觉样式。这就是书法的本体美——势。"

这是我第一次将"势"说成是书法的本体美，因为书法以文字为载体，书法是依附于文字的艺术。那么，依附了什么呢？应是依附了毛笔书写留在文字表里的"势"所具有的动感与力感，即"势"在点画外部带有弧曲张力的形态及其点画内质所能感受到的动态与意象，这就是书法所独有的本体美。如果去掉了文字表面"势"的曲线形态与点画内的势态内质，那么，就只存下文字的躯壳，书法就不存在了。所以说，由书写形成的"势"，是书法艺术的本体美。可能有人要问，中国的文学艺术也讲"势"，为何独有书法称其为本体美？确实"势"在我国传统艺术中意蕴丰富，存在广泛，是传统文化与艺术重要的审美范畴，这是把握和反映华夏民族文化规则与内涵最重要的方面。尽管文学等艺术都讲"势"，但其载体各有侧重，"势"的表达形式也各不相同。如音乐之音载体于声，绘画之形载体于象，舞蹈之态载体于人，文学之意载体于言，书法之势载体于字。其中，唯独书法与其他艺术有所不同，因书法之势已与文字之形融合为一体，"势"与"字"两者无法分离，已是你中有我、我中有你的混合体。它与一般抽象艺术的不同之处，在于它既离不开文字的"文意"，又在不断追求具有生命力的"书意"。当它偏重于实用性书写之时，只能称之为文字；而当它偏重于艺术性创作的"书意"时，则已转化为书法艺术。两者之间的区别，在于文字上"势"的含量是否丰富，当审美性超过实用性，趋近于抽象性，则书法的独立性标志就在点画形态中显现出了"有意味的形式"。由此可知，"文字"只是书法的载体而已，"势"才是书法艺术的本体。只有当书家用毛笔、墨汁书写文字时，通过提按顿挫、方圆转折等笔法表达出内心的律动与情感，使点画被"势"所充盈时，点画内质与外表就会呈现出各种张力与态势，从而展示出书势之美；这时所形成的笔势，或感荡心志，或发泄情绪，创造出书法艺术独特的动态之美、精神之美，使原先文字的静态形式，转化为以动态的“势”为本体的书法艺术。这时书法的“势”，不仅是对点画形态的塑造与节奏动态的变化，也通过改变原本静止固化的文字形态，使之产生富有力感与动态的审美效果。同时，还赋予了书者个性化的审美情趣与文化内涵，创造出具有生命意味的形象。书法之“势”所形成的可视性与可感性，好比中国的写意画，其写意的山水花鸟人物，已不是原来的山水花鸟人物，只是画家心目中通过情势形态表达的意象。概言之，“势”不仅依附在文字的外廓，同时又内蕴于点画的内质，既昭示其力之美，又内蕴其动之意。这样充满了美感的“势”，自然成为书法艺术的本体。

我之所以要提出书法艺术的本体美，就是要弄清书法艺术的终极基础，要明白书法的根本，要洞悉其存在的根据，要知道书法美的本然状态与驱动力。而东汉晚期蔡邕等一批书家就是感受到了书法初始状态中的这种美，才将“势”引入到书法理论与实践中，催生出东汉晚期书法艺术的自觉，迎来魏晋南北朝时期两百五十多年对书法之“势”的大讨论及书法艺术高潮的到来。

“藏头护尾，力在其中，下笔有力，肌肤之丽。故曰：势来不可止，势去不可遏，惟笔软则奇怪生焉。”这几句的大意是书法要遵循“藏头护尾”的规则，在起笔和收笔过程中要藏锋，做到力在字中，下笔有力，这样在点画上写出的势态，就会像肌肤一样美丽。从这段话可看出“藏头护尾”，是对书法点画用笔提出的笔法取势最基本的要求，要力在其中，在起笔时就要生发出不可终止的“势”，到收笔时依然保持充沛的“势”。这种状态只有用软笔才能在点画中形成各种意想不到的奇势异态。可见“藏头护尾”，实际是对所有点画取势的整体性要求。再具体一点讲，“藏头”是指起笔时笔尖逆向落纸，藏锋而行；“护尾”是指收笔时力送笔端，回锋收毫。这样的笔法，简约而干净。能实现笔势的连续性，运笔的节奏性，劲力的贯注性，确保“力在字中”，最终达到“肌肤之丽”的效果。其中“藏头”用笔蕴含了多种技巧，如藏露、顺逆、转折、轻重、疾涩、顿挫、节奏等。目的是使取势更有效，笔法动作更规范，笔势的指向性更清晰，点画的形态更简约，笔法的变化更多样。这样经净化了的有意味的点画，呈现出活生生的、流动的、富有生命暗示和表现力的美。“护尾”亦然，无论是回锋内收，还是露锋虚回，都要使笔画末端产生或方或圆的点画态势，或显示其露锋流畅，或保持其藏锋浑紧。但不管是露是藏，都要余势自劲，使笔端依然保持迟涩紧劲之势，生动可奇。下面看一下明代董其昌对藏锋的体会。

“书法虽贵藏锋，然不得以模糊为藏锋，须有用笔如太阿剸截之意，盖以劲利取势，以虚和取韵，颜鲁公所谓‘如印印泥，如锥画沙’是也。”（《画禅室随笔》卷一）。

对于“肌肤之丽”这个比喻，与后人比喻“如印印泥，如锥画沙”的笔法一样，保持“力在字中”，写出如健康人的肌肤那般美丽而富于生命力的点画。“肌”是指点画的内质，肤是指点画的外形，表示书法之美有外露与内蕴两种不同的表达形式。点画之力可如“肤”那样外露，也可如“肌”那样内蓄，以显示书法艺术形态的复杂性与表现的多样性。

对于“力在字中”的力，当然不是指一般的力、物理学上的力，而是视觉所能感受到的力，即指手执毛笔在逆入逆收等用力挥洒中，笔毫与纸张在“相推相摩”中使点画产生张力，包括动态之力、迟涩之力、劲健之力、流畅之力与内含之力等。这些力都是书法点画的一种可感之力，它虽以静态般凝固于纸或各种书写的载体上，但由于因力而动，因动成势，力与势成为一体两面，力是势的前提，势是力的显现，不同的力形成不同的势，就构成了书法本体美丰富多彩的形式与内容，成为历代书家品评书法艺术的主要标准。

晋卫铄《笔阵图》云：“下笔点画波撇屈曲，皆须尽一身之力而送之。”唐太宗李世民《论书》云：“惟求其骨力，而形势自生耳。”张怀瓘《书议》云：“风神骨气者居上，妍美功用者居下。”特别是近人梁启超的《书法指导》中讲得更直接、更透彻：“写字完全仗笔力，笔力的有无，断定字的好坏，而笔力的有无，一写下去，立刻可以看出来。”

正因为“力”充盈于点画的所有部位，成为书法艺术形成的动力。如果没有了力，势亦不存，美将何来？只有知道力与势的这层关系，才能更好理解“势来不可止，势去不可遏”的含义。当运笔书势一旦形成，势那动态的形，就会顺其自然，随机转化，浑融一体，保持其连续性与不可逆性，使点画形势上下呼应，递相映带，字形生动，内涵深化，生气勃勃。这种起笔时由笔法所引发的势，就会连续张显其运动感和生命力；当势尽收笔之时，也要力送笔端，回锋或戛然而止，让其显现出一股无法遏止的强劲势态，有人称其为绝势。用通俗的话讲：按照自然的法则，该来的势则来，该去的势则去。因势依附于力，力止则势尽。故每一笔、每个字或每幅作品的书写都要用力不断，保持始终，“令笔心常在点画中行”，使笔势无处不在。朱熹说：“笔力到，则字皆好。”说出了书法美的关键所在。林语堂对书法也有一段生动的描述：

“此种动力的美，方为中国书法的奥秘关键。中国书法的美是动的，不是静止的，因为它表现生动的美，它具有生气。同时也千变万化无止境。一笔敏捷而稳定的一划之所以可爱，因其敏捷而有力地一笔写成，因而具有行动之一贯性，不可摹仿，不可修改，因为任何修改，立刻可以看出其修改的痕迹，因其缺乏和谐。这是为什么书法这一种艺术是那么艰难。”

书法艺术求得这种生动之美，亦很艰难，它需要掌握准确的笔法，还要积累深厚的功力。这正是书法艺术能引人入胜、经久不衰的魅力所在。因此每个书者都要认识到：力的存在、发动与冲击，形成势的形态、能量与表现。两者相辅相成。在这样的大前提下，下笔有力，才能使点画的周边布满具有各种“势”的张力曲线，构成书法最基本的审美元素，使书法表现出诱人的特色、生机与活力，形成可以看得见的“肌肤之丽”的美；点画的内质充盈着“势”，也同时给人们可感知的奇妙的生命态势。所以，蔡邕在书法理论上提出的力与势的概念，揭示了书法艺术的本体美，开创了中国书法的艺术观与审美观。

“惟笔软则奇怪生焉”，一般的解释是，唯因柔软的毛笔，才能写出神奇多变的点画。然而，“奇怪”两字的含义，至目前还是出现了两种截然不同的解释。绝大多数是从褒义的角度，认为唯因毛笔的柔软，才能为书法艺术提供最大的自由度和表现力，在平面的纸上写出动态丰富、灵活多变、富有情趣、美感突出、具有生命暗示的点画。正是因为笔软，它需要训练有术的书者掌控柔软毛笔的特性与书写技巧。要将笔锋归束如锥，以锋尖楔入纸面，形成笔力，才能熟练地写出轻重、疾涩、虚实、强弱、转折、顿挫等各种有变化的笔法，达到神奇的艺术效果。但也有少数人是从“奇怪”两字的贬义角度来理解，如1985年《书谱》第二期发表的侯开嘉《“惟笔软则奇怪生焉”新释》（下文简称《新释》）一文，将此句解释为“惟有用软毫笔就会写出不合规范的线条来”，“汉朝人用软毫笔作书，容易使书法遭到挫败”，他将“奇怪”解释为“丑怪”，认为字写得不规范是笔软的问题。其实即使是硬毫笔，与钢笔、铅笔相比较，它依然属于软笔，可见侯开嘉的“新释”是个伪命题。对于笔的问题，蔡邕在《笔论》中说：“若迫于事，虽中山兔毫不能佳也。”这句话所要表达的意思是，书法写得不好并不全是笔的问题，还关系到书者的情绪与技巧。兔毫，属硬毫笔，在汉代简牍流行的时期，简牍的宽度一般只有零点八厘米，宽度较窄，字形很小，只有狼毫、兔毫等硬毫笔才比较适用于在狭窄的简牍上书写，所以中山兔毫成为当时最好的毛笔。但是，到了蔡邕的东汉末期，隶书与章草已经流行。特别是汉碑的盛行，书法已不再局限于简牍上的小字。如蔡邕书写的《熹平石经》，每石高三百三十厘米，每行七十至八十字，每字的宽度在四厘米左右。当时蔡邕书丹写隶书用的笔，必然要用加长笔锋、增厚笔根的那种较大的笔，制作的要求也更高，绝不会再用兔毫和狼毫等小笔去写大字。据记载，“东汉时，每月照例要发给尚书令、左右仆射、左右丞、尚书郎赤管大笔”，“师宜官写字‘一字径丈’”（华人德《中国书法史·两汉卷》）。这说明在东汉时大笔已普遍使用。虽然目前还没看到较大毛笔的出土，但已看到了东汉早期制作的兔羊兼毫笔的出现。如“1931年出土于内蒙古额济纳土尔扈特旗破城子遗址有一枝东汉初期制作的毛笔，其笔毛为兔毫或鹿毛，外披羊毫”（王学雷《古笔考》）。虽然，我们目前尚不能断定蔡邕时期所用的是什么笔，但从该文的字义中，可以确定他已掌握笔软给书写变化带来的无穷魅力，因而可用非常肯定的口气做出“惟笔软则奇怪生焉”的结论。当《新释》的作者讲笔软给书法带来挫败，可以肯定他是一个只会用硬毫笔不会用软毫笔书写的人。人是决定性的因素，只有善书者，才能运用笔软生阴阳、出形势，书写出具有美感的线条。正如林语堂对毛笔的赞语：“中国书法的地位是以在世界艺术史上确实无足与之匹敌者。因为中国书法所使用的工具为毛笔，而毛笔比之钢笔来得潇洒而机敏易感……具有传达韵律变动形式之特殊效能。”

“凡落笔结字，上皆覆下，下以承上，使其形势递相映带，无使势背。”这一段的大意是落笔书写文字，都要上部覆盖下部，下部承接上部，使字形体势相互映衬，不要使笔势互相背离。这主要是从结构的角度谈取势。落笔是指起笔，也就是说书法开始的第一笔，就为字的结构与整幅作品定下了基调，从点画安排到形势布置，都要相互照应，不能相互背势。这段文字是从结构与整幅作品的角度对书法取势提出的整体性要求。因为每一个字由点画到结构，并非是点画的任意堆积，也不是仅仅对自然的模仿，而是受到文字结构规则的制约，受到书写笔顺有序的局限，受到阴阳对立变化的规范。点画之间这些内在规则是一个完整的整体。对书法而言，既要遵循这些规则，又要不被这些规则过分束缚，还要进行具有个体色彩的艺术创造。这就要求书者在阴阳对立中体悟其“道法自然”，在保持文字既有特性的基础上，赋予书法在点画上“势”的个性化表达。这对书者来说会面临两大难题：一是如何从不变的结构规则中求变，使写字上升为“势”的艺术；二是如何确立与掌握“势”的变化规则，使书法具有经久的艺术生命力。对于第一个问题，汉字在长期的书写实践中，已形成无数具有势态变化的点画结构，也引带出点画空间的各种变化，不断在创造书法艺术新的形象。关键在书者要继承传统，并掌控毛笔的技能与创新的能力，按结构规则书写出个性化的新变。而这种新变又主要集中在点画。“点画”一词是传统的提法，传统书法不提线条。因为点画是结构的组成部分，点画之变直接形成结构之变。对书法而言，具有鲜明的艺术指向，是书法艺术的基本元素，具有明显的视觉立体感，又能显示其个性化与生命力。所以要写出个性化、立体感与生命力的点画，关键在书者能熟练掌握柔软毛笔书写的功力。“用笔贵用锋”，善于用笔锥的尖端书写，这样写成的点画，力足势全，首尾完整，变化丰富，情趣奇出。此外，必须确立笔法规则，掌握其取势方法。因为，书法的“势”并非凭空存在，它依赖于书写有力的笔法技能，在动态的张力中形成不同的用笔动态，形成不同的“势”。也就是通过不同的技法与力度，取得不同形态的势。书法讲求气势的承接、血脉的相连，营造活泼有机的整体，就要求点画之间有不同“势”的呼应，“上皆覆下，下以承上”，达到浑然一体。结构犹如一个磁场，所有的点画“递相映带”“无使背势”，使“落笔结字”始终处于相辅相成，生机盎然的平衡势态中，书者可用笔法技巧之所能、艺术修养之所向，“去其所畏，导其所喜”，在平衡中创作出具有生命运动特征的力与势。所以蔡邕提出的《九势》，正是为书者归纳总结了当时通行书体的九种笔法规则，明确了点画笔法取势的具体方法，为书者的笔法取势打开了方便之门。具体论述的“九势”分别如下。

“转笔，宜左右回顾，无使节目孤露。”此主要指篆书圆角环转用笔的取势方法。在使用转笔时，锋要聚拢，笔随势转，以确保中锋，并注意笔毫左右的圆转状态，防止笔锋逾出界外。篆书的书写要求是不露锋芒，用笔干净，不带棱角，写出圆淳劲健、浑然天成的笔势。古人在具体操作此转笔时，基本上有捻管、转腕、略用提笔的三种方法。捻，转指法，像户枢之转。从我个人写篆书的体会，更喜欢采用略用提笔的方法，笔锋边提边行，完成转笔过程，但需注意提笔的过程与运笔过程要同步，确保点画中锋，粗细不变，不让笔锋逾出界外，防止弧露出锋而失势。

“藏锋，点画出入之迹，欲左先右，至回左亦尔。”藏笔是指点画的出入之迹，将笔锋藏入点画之内。起笔若向左行，则先向右逆入再向左行；至左行到收笔处，又向右回锋。这样的逆锋藏笔，力蓄其中，使点画经起始、回护、照应，一点一画皆有三转，一波一沸皆有三折，这种运笔从静态到动态的转换与节奏的变化，增加了运笔过程中的转折、发力点与势态的变化。如“三转”“三折”，在转折过程中至少有两个以上微妙的似停非停的驻笔，成为一个个发力点，成为节奏的迭起、笔法的改变、阴阳的转换和力度的轻重、速度的快慢、笔势的回护等变化，增加了运笔动作的丰富性，有效地防止点画过分平直与轻滑。

“藏头，圆笔属纸，令笔心常在点画中行。”藏头是指笔锋在发笔处的回锋动作，目的是保持中锋运笔。其回锋动作是，圆笔毫尖逆向入纸，顺势按下，平铺纸上。藏头的作用不仅是为了用笔中锋与笔法的规范、干净，更重要的是为了蓄势发力。所以藏头看似笔蕴于静，实际是为了更大的发力。相对而言，动乃力之美，静为蓄其势，静是对动的调节与辅助，使静中化出无限的生命力，表现出不可遏止的势。但当下初学者在藏头的写法中，大都机械地按照教科书对藏头运笔的示意图。刻意地使用逆入转圈法，用笔缓慢地完成逆入、环转、提按与运笔等动作，犹若描字，笔势全无。其实要求学书者在掌握藏头笔法的基础上，随着熟能生巧不断加快节奏，要有“写”的意味，写出其中的“势”。我曾多次见到沙曼翁先生篆书藏头的写法，几何只见其逆入，不见其转圈，却使藏头动作瞬间完成，且态势完美。可见，熟能生巧才能具有完美的书法技能，才能体现出在“写”书法，而不是描字。

“护尾，点画势尽，力收之。”这是指篆、隶书的收笔取势，要求力送笔端，灭迹隐端，回锋笔内。借以掩蔽收笔中的势，留与懂书法者品味书法的内涵与意味。同时增以牵引之势，做到不失笔势，谓之护尾。至于“力收之”，指力送笔端，逆势回锋。对于隶书的出锋收笔，亦要力送笔端，奋笔出锋，凌空虚回；对横画与竖画戛然收笔的，可用杀锋以取劲折。这种运笔正向力与反向力的急速转换，使笔端“耀其精神”，显示正反向转换中的迅猛笔势。

“疾势，出于啄磔之中，又在竖笔紧趯之内。”这句似指隶书用笔，在短撇、波画、竖画变钩中取用疾势之法。啄笔表示运笔迅捷、急遽有力的形态。短撇为啄，捺笔为磔。磔，又称“波”。张怀瓘《玉堂禁经》云：“右送之波皆名磔，右揭其腕，逐势紧趯，傍势迅磔，尽势轻揭而潜收，劲迅得之。夫磔法笔锋须趯，势欲险而涩，得势而轻揭，暗收存势，候其势尽而磔之。”趯，是挑钩，是极短的点画，突然趯起，将力集中于笔尖，如用脚尖踢物一般具有冲击力。因此，疾势是指运笔中产生疾速的笔势。因单用疾势，则易出现点画的光滑。故后人在隶书的书写中，都与涩势用笔相结合，称之疾涩法。疾势是追求劲健、流畅、轻灵的力的样式，涩势是追求迟重、强劲、艰涩、争持的力的样式。这犹如对立的两极在交互作用下牵引生出各种力的样式。疾涩因为一个要劲发，一个是迟留，又要涩中有疾，疾中有涩，写出既沉实又爽劲的点画。它需要一笔之中有多个不等速的节奏与多个发力点，以形成强烈的势感和动静的对比，营构出不同的速度、不同的形态及不同的笔势，以显示其丰富的力感、势感与动态美。

“掠笔，在于趱锋峻趯用之。”掠笔是指长曲撇的取势方法。唐李世民《笔法论》云：“为撇必掠，贵险而劲。”意思是用逆笔回锋后，取斜势，迅捷地用脚踢一样的力，向左下方撇出，力送笔端，借以取势。趱，意指快走。趯，意思是踢。

“涩势，在于紧驶战行之法。”涩势是指运笔要克服阻力向前推进的取势方法。驶，是古代所指的骏马；战，意同“颤”字。“紧驶战行”之意是，就像拉紧的骏马让它在欲止又行的挣扎抖动中前行，虽“紧驶”却力蓄千斤，虽“战行”却充满势态。这种逆势运笔，既增强笔与纸的摩擦力，又要有微妙的节奏动作，在逆笔中蓄势，增强点画表面的张力。所以，“涩”，并非是运笔慢，而是在阻力中挺进，涩得有力，涩得巧妙，在涩势中产生变化丰富的美感。

“横鳞”，是指隶书的横画写法，意在不宜平过。“横鳞”的含义是像其鱼身，初看表面是平的，细看可见排列的鳞片，有着细微的起伏变化，具有不齐之齐、不平之平的美。如果横画写得过于平直，容易产生平板光滑之病，且显得简易单调，缺少回味。而横鳞在细微的起伏对比下，可呈现充满张力的势，给以耐人寻味的韵律之美。近来有人将“横鳞”的比喻解释为刀括鳞片，显然是想当然的误解，不太确切。但“横鳞”这个比喻也不能作死板的理解，把横画写得似鳞片那般规整密集，或像密点一样排列，这样写会显得烦琐、无力而失势。所以后人写隶书采用疾涩法书写，增加点画间的节奏与发力点，其节奏是随性的，其取势的效果会更好。以至于后来的“永字八法”，将楷书的横画改名为“勒”。

“竖勒”，指竖画。在篆、隶的笔法中，横画与竖画的取势方法是基本相同的，所以摆在一起称“横鳞、竖勒之规”。竖勒与横鳞的不同之处，在于运笔的方向不同，竖取画是向下运笔。但竖画的用笔不宜一泻直下，要快中有慢，急中有涩，放中有收，如勒马缰般取势。对于横鳞、竖勒的用笔，我们用通俗的话来表达，就是：横画在运笔过程中，化长画为多个短画的连续书写，使横画的书写中增加多个节奏快慢等动态变化，避免横画的中怯与光滑，又增加多个发力点，以增强力感与动感。同样，竖画要逆入用涩势，使逆锋啃住纸运笔，以增强笔与纸的摩擦力，就像勒住马一般有节奏地向前推进，既防止点画形态的光滑，又增加了点画内在的厚度。这里可以发现竖勒与楷书的竖画笔法是完全不同的。所以，楷书的竖画在“永字八法”中改称为“努”，形容其像绷紧待发的弓弦一样，在点画中呈现出有张力的孤曲线，使其具有更强的势感。

“此名九势，得之虽无师授，亦能妙合古人。须翰墨功多，即造妙境耳。”最后的这段意思是，此文为《九势》，如果有人得了它，即使没有好的老师传授书法，也能达到与古人相授一样的效果，只要笔墨功夫积累深厚，就可达到玄妙的境界。这既是为全文作结，同时也提示后人得到这篇《九势》，一定要引起重视。因为此文汇集了古人书法的九种笔法，这在古代是秘而不泄，仅作为家族秘传，而且往往是单线相传，反映出古人对笔法秘诀的重视程度。蔡邕本人在文中的表达，也明显视此为进入书法之门的枢纽，认为后人若能按此笔法下功夫，定能妙合古人，进入书法殿堂。

从《九势》所涉内容看，我个人认为蔡邕对“势”的审美标准已有非常的高度，即书法应以自然为准绳，点画要有力感、动感、质感和生命感，且笔法之妙，要遵循取势规则，在简洁干净、意蕴丰富、递相映带中求得技法变化，在继承与出新中形成自己书法的形式语言，以形成自己的书法风格。

历史上蔡邕确实是一致公认的笔法传授之祖。他留下的包括《九势》在内的四篇书论，在汉魏南北朝期间产生了极其广泛的影响。如宋齐间王僧虔《宋羊欣采古来能书人名·传授笔法人名》云：“蔡邕授于神人，而传之崔瑗及女文姬，文姬传之钟繇。”再如宋代陈思《书苑菁华》卷一《秦汉魏四朝用笔法》也有一段传奇式的记载：“后汉蔡伯喈入嵩山学书，于石室内得《素书》八角垂芒，颇似篆籀焉，李斯、史籀等用笔势。喈得之不食三日，惟大叫欢喜若对古人。喈遂读诵三年，妙达其理，用笔特异。……魏钟繇少时随刘胜入抱犊山学书三年，还与太祖、邯郸淳、韦诞、孙子荆、关枇杷等议用笔法。繇忽见蔡伯喈笔法于韦诞坐上，自捶胸三日，其胸尽青，因呕血。太祖以五灵丹救之乃活。繇苦求不与，乃诞死，繇阴令人盗开其墓，遂得之。故知多力丰筋者圣，无力无筋者病。”

以上的记载，记录了蔡邕传授笔法的谱系及其对笔法的重视程度。蔡邕本人的笔法得神人传授，充满了传奇色彩。但可肯定的一点，他是得到过高人指点的。《九势》中的部分内容，亦应有前人的传授，或再加上他自己的一点心得，所谈《九势》的语气，亦应出自他的肺腑之言。如文中出现的“虽无师授，亦能妙合古人”的口吻，亦像其本人的经验之谈。《九势》中对“势”的叙述，也符合他所处时代书法用笔的客观，如横画比喻横鳞，竖画称之竖勒，与东汉以后的提法已完全不同。后人在“永字八法”中已将横改称勒、竖勒改称努。还有此文将疾势与涩势分开叙述，而后人对隶书的笔法已改称疾涩之法等，都说明《九势》笔法是较古的原始稿本。即使现在读其文，文体之简洁、扼要，文意之点到为止，文句间不够连续等，甚似简牍之文。而且，从整篇看，字数不多，已写得明确、透彻而完整，符合该时代的文笔风格。

总的看来，他所强调的书法的“势”与“力”，已成为中国书法艺术理论的重要审美范畴。特别是书法由阴阳而产生的势，使我们在当代的视野下，认识到

"势"就是中国书法艺术的本体美，解决了我们长期困惑的对书法艺术本体的认识。同时，为进一步认识书法艺术的内在规律，更好地利用这种规律进行书法实践与创作，深度探讨《九势》等，是很有必要的。蔡邕《九势》首创的这些书法理论，对后人起到了导夫先路的作用。同时，对当今书法艺术的进一步繁荣发展，也具有一定的启示作用与参考价值。

对王宠临二王小楷的法理反思

庆　旭

一、王宠文艺思想形成的背景

王宠（1494—1533），字履仁，后更字履吉，号雅宜山人，又号雅宜子。其先吴江同里人，本姓章，因父过继王氏，遂为吴县人。父王贞，字清夫，居金阊南濠，为酒家。文徵明《王氏二子字辞》说："王君恬性文雅，虽尘壒鞅掌，而能收蓄古器物书画以自适，喜亲贤人士夫，与相过从为乐，视他市人独异也。余间尝过君，见其二子伯守、仲宠，秀颖好修，器业并可观。窃叹君之所为非独可以润身，而所为沾溉其子者，亦既可征矣。"同母兄王守，字履约，号涵峰，嘉靖五年（1526）进士，授宁波府推官，官至大理寺少卿，南京都察院右副都御史。王世贞《吴中往哲像赞》说："公为诸生时，与其弟宠俱工艺文笔札之事，而名不如弟，然状貌特伟丽，举止详华，时人咸器之。……公孝友慎廉隅，有干理才，与物无忤，而厄于年未究，时咸惜之。"

正德五年（1510），王守十九岁，王宠十七岁，始师事蔡羽，先受教于南濠，明年随师游学于洞庭西山，前后三年。蔡羽，字九逵，号林屋山人，以太学生赴选调，奏授南京翰林院孔目，居二年，致仕。王世贞《吴中往哲像赞》说："先生生而警颖，能读古文奇书。既长，工属文，又能为歌诗。高自标榜，以为韩柳不足言，吾所撰著先秦两汉；少陵不足言，吾于篇章建安西京。或谓稍近浓隽，不至吴中单薄者而已。正行书亦遒劲，间临《兰亭》《十七帖》，人或从傍指摘其离者，先生曰：‘不然，吾非临右军，吾乃教之。’为诸生与文待诏徵明齐名而已，他艺不尽能颉颃，其外若相善，内不伏也。”蔡羽自视甚高，文徵明《翰林蔡先生墓志》说：“诗尤隽永，蚤岁微尚纤缛，既而湔涤曼靡，一归雅驯。晚更沉著，而时出奇丽。见者谓虽长吉不过。先生乃大悔恨，曰：‘吾辛苦作诗，求出魏晋之上，乃今为李贺耶？吾愧死矣！’其高自标表，不肯屈抑如此。”

全面考察王宠的艺术成长，不难发现，蔡羽应该是给了他最早也是最大的影响。王宠《虚白上人墓志铭》说：“正德庚午，余师受《易》于林屋蔡先生所，时先生寓吴城马禅禅舍。”蔡羽《春夜话别序》则说：“晚得三友，为太原王守暨弟宠、中山汤子子重。宠以正德庚午奉督学莆田黄公之教，并与兄守来师予。”又说：“余之之吴城也，必从文子之第求汤子，出吴城也，必从王子之第求吴子，五子之求予也，亦必相因于其第见之。日必相考德问学，讲艺赋咏乃退。暇之日必就佳山水，游息临观焉，而石湖之治平寺为多。是故语默趋向，履操之间，庶几获寡过焉。”钱谦益《列朝诗集小传》丙集“蔡孔目羽”条说：“王履吉初学于九逵，其后游边、顾之间，骎骎改辕而北。”虽然王宠从学于蔡羽只有三年，但这三年是奠定基础与指明方向的三年，具有终身的导向性意义。王宠此后作文必取司马迁和班固，写诗则以盛唐为标杆，撰述法程严谨等做派，一如乃师蔡羽。

文徵明对王宠的影响也很大，客观地说，徵明并非在诗文书画上给王宠以直接的影响，但他给王宠提供了生态良好的文化环境。如正德四年（1509）后，徵明将他带入王鏊交际圈，王季烈修《莫厘王氏家谱》卷十三《王文恪年谱》“正德七年”条说：“公性恬退，既归田，不复预闻世务，日惟耽玩书史，操弄文翰，朝夕坐起，不离卷帙。暇则与乡里诸名士登临山水，遨游园林寺观。在山则有隐士东冈施凤、林屋蔡羽、五湖张本、弟秉之等，入城则有门下诸生祝允明、文徵明、唐寅、陆粲、黄省曾、王守、王宠、陈怡、杜璠等，相与谈说古今。”以正德六年（1511）为例，是年秋，徵明与王氏兄弟游横山，徵明有《同次明、九逵及王氏兄弟泛舟游横山》；王氏兄弟将游学西山，徵明有《履吉陪余夜话达旦，别赠一首》；十月五日，徵明饮于南濠，有《十月五日出城，暮归门阖，留宿南濠王氏溪楼，与履约昆仲夜话有作》；十月九日，徵明召吴爟、蔡羽、陈淳、王氏兄弟饮，有

《十月九日辱次明、九逵、道复及履约兄弟过饮，时淮北小警，吴中城禁稍严，客居郭外者，索归甚遽，故卒草云》。王宠游学西山期间，徵明不时关心其学艺进展，乃多交游，赋诗唱和。正德七年(1512)，徵明有《三月既望同吴次明、蔡九逵、陈道复、汤子重、王履约、履仁泛舟石湖，遂登治平，以“天朗气清，惠风和畅”为韵，分得“朗”字》《题画送履仁赴洞庭》《腊月十八日冒雨过汤子重草堂，适王履吉亦在，燕谈竟日，因赋长句，奉赠二君》《病起，辱次明、孔周、君求、履约、履吉携尊过访》《冬夜有怀王履约、履吉，追念畴昔，阻宿溪楼，倏忽一年矣，作诗寄情》《小山前对月有怀九逵，兼简徐士瞻、王氏兄弟》《赠王履约、履吉兄弟》诸作，可见交往的频仍，以及徵明对王氏兄弟(主要是王宠)的器重。

王宠一生曾八试，每次都名落孙山，就仕途而言，他是一个彻底的失败者。文徵明《王履吉墓志铭》说：“君每试辄斥，以年资贡礼部，卒业太学，又试又辄斥。盖自正德庚午，至嘉靖辛卯，凡八试，试辄斥。而名日益起，从游者日众，得其指授，往往去取高科，登显仕，而君竟不售以死。”他虽屡挫于文场，但名声却与日俱增，这并不影响他在学界、诗界、书界的地位。《雅宜山人集》王守序曰：“余弟履吉羽冠攻古文辞，才情俊逸，川至云起，垂二十年，著述盖千余篇。余幼共席，砚交师友，蓬蒿环堵，弹琴咏歌，响响朝夕相乐也。”顾璘序曰：“人皆曰履吉之才不可再得也，余独曰履吉之清纯不可再得也，故伤人国焉。其兄太常履约氏刻其诗，余得而论曰：古体、五言沉郁有色，可愤可乐，盖类曹植、鲍照；七言跌宕浏丽，号幽吹而霭春云，盖类杜甫、岑参；近体亦步骤杜、参，而自摅神情，殆与盛唐诸家相长，可谓诗人也，特非其致也，谓所取于履吉者非以此。”胡缵宗序曰：“其文浑类贾，隽类枚，赋类司马，诗古体类曹，近体类岑。譬之箫韶既陈，琴瑟洋洋，鸾凤雝雝，春容之声，冲和之容，翕尔而作，铿尔而阕，无复浓艳侈丽之态，绚烂华靡之习。风神气格自为虞廷雅调，非天下士乎？夫调难乎其雅也，履吉大篇隽永，短章丽则，粹然金辉，莹然玉润，其于秦汉盖已升堂矣。加之以年，不可进之三代哉？”钱谦益《列朝诗集小传》丙集“王贡士宠”条说：“顾华玉称其诗，刻尚风骨，摆脱轻靡，既正体裁，复灭蹊径，可谓后来之高足，进而未止，而徵仲则云其志之所存，不得少见于世，仅仅以文传，而所传出于文场困踬之余，雅至其至者。两公皆深知履吉，故其论如此。”

由此可知，一个人的艺术成长，在外部起码有两点极为重要：一是启蒙时期的方向性作用；一是社会环境、文化环境之成长作用。当然，才华和人格更起着主要作用。

就王宠本人来说，他自小就喜静厌闹，《山中答汤子重书》说："家本酤徒，生长廛市。入则榻枯塞目，出则蹄足摄履，呼筹握算之声彻昼夜，每一焦烦，心肠沸热。"可见他对童年生活环境很厌恶，甚至有一种自卑心理。自从学蔡羽后，先后在西山读书三年，在石湖读书二十年，并管理田庄，除省亲外，很少进城。既避开名利之场，又得到刻苦学习和创作的时间。文徵明《王履吉墓志铭》说："君高朗明洁，砥节而履方，一切时世声利之事，在所不屑。偎俗之言，未尝出口。风仪玉立，举止轩揭。然其心每抑下，虽声称振叠，而酝酿自将，对人未始言学，盖不欲以所能尚人，故人亦乐亲附之。性恶喧嚣，不乐居廛井。"他的人格力量，也是很值得赞赏的。

二、明代吴门书法圈中的王宠书法

在中国书法发展史上，苏州自始至终呈现一种绵绵不绝、薪火相传的态势。自三国皇象开始，到西晋陆机、初唐孙过庭、盛唐张旭、北宋范仲淹等，名家辈出。至有明一代，独钟吴门，先有二沈、宋克，再有文、祝、王、陈，后有董其昌，皆书坛劲旅，他方难敌。王世贞《艺苑卮言》附录三说："我明书法，国初尚亦有人，以胜国之习，颇工临池故耳。嗣后雷同影向，未见轶尘，吴中一振，腕指神助，鸾虬奋舞，为世珍美，而它方遂绝响矣。"由此得出"天下法书归吾吴"的结语。

明代吴门书派，以文徵明为领袖，吴宽、李应祯、唐寅、祝允明、王宠、陈淳、文彭、文嘉、文伯仁、周天球、王穉登等为核心，向外辐射到松江、昆山、嘉定、常熟等地区。在这个书派中，文徵明长王宠二十四岁，而王宠十五岁时，文徵明就折辈与其订交，《腊月十八日冒雨过汤子重草堂》一诗就认为王宠"文章奕煜焕星斗，意度坦迤和天倪。祥麟一角世所稀，乃肯下友同山麛"，可见十分器重王宠，也使得他名声大噪。

王宠书法多为行草书体，部分为小楷。他的行草书特点是得晋人恬淡清雅、萧散简远之趣。主要学王献之，间习智永、欧阳询笔法。明代书论家对王宠书艺极为推崇，尤其是王世贞，多有高评。《墨迹跋下·王履吉〈白雀帖〉》说："虽结法小疏，而天骨灿然，姿态横出，有威凤千仞之势。"《吴中往哲像赞》说："书始摹永兴、大令，晚节稍稍出己意，以拙取巧，婉丽遒逸，为时所趣，几夺京兆价。"《艺苑卮言》附录三说："王正书初法虞永兴、智永，行书法大令，最后益以遒逸，巧拙互用，合而成雅，奕奕动人。"《佩文斋书画谱》卷八十引邢侗语："王履吉书，元自献之出，疏拓秀媚，亭亭天拔，即祝之奇倔，文之和雅，尚难议雁行。"何良俊《四友斋书论》说："衡山之后，书法当以王雅宜为第一。盖其书本于大令，兼人品高旷，故神韵超逸，迥出诸人之上。"

也有持不同意见的，如丰坊《书诀》称王宠书是"古法无余，浊俗满纸"。《佩文斋书画谱》卷十引莫是龙语："王贡士盘旋虞监，而结体甚疏，虽烂然天真，而精气不足，晚年行法，飘飘欲仙。"

这种赞赏和批评，有如此巨大的反差，那是因为书论家的立足不同，如时代背景、流行风尚以及个人的眼界和爱好等，都会影响其价值取向。

客观地说，王宠对明代书风产生一定的影响。正嘉以后，王宠书法颇成气候，所谓"不合古法"，实际是王宠的一个创造。王宠初学虞世南，得其疏朗温雅，使笔意蕴涵，锋芒不露。这是从线条的审美属性和内质上看的，他不可能也不应该完全照搬虞世南。从用笔上看，王宠的草书，多干净利落，气息平和，一丝不苟，笔势凝重、洗练，气息浑厚。在笔画的连带上，把晋人的笔断意连发挥到极致，"断"势运用得恰到好处。这种字字独立，但气息相连的连笔方式，对当今一些行草创作的恶俗连带，应该有莫大的启示。结构上的"以拙取巧"是王宠的高明选择，帖派的秀逸书风，如果不参入雄强的碑意，或篆籀书的线条内蕴，极易形成纤弱甜俗的浅薄审美格调，甚至历史上的有些帖派大家，其书也掩盖不住一定的媚俗，如赵孟頫、董其昌等。那么在结构上如何做到"拙"呢？主要是求"虚"，"虚"在空间上就是空白（线条上的断势、提笔运行也叫虚）。王宠草书结构多一反严整紧密的帖派的结字常规，加大内部的空白量，形成一种"萧散虚和"的意境。王宠之所以能在元明帖派书法占主流地位的历史时期，有自己的一方天空，主要是这种“拙意”在秀逸帖学中的恰好融入。

三、王宠临二王小楷的别出心裁

楷书一体，产生于汉末，盛行于魏晋南北朝，至隋唐达到极致。初始的楷体其实就是小楷，时谓“正书之祖”的钟繇楷书，所谓“五表”皆为小楷。先期的楷书家都是就小楷而言的。楷书在历代书论中常与“八分”“隶书”相混，这是因为楷书是从汉隶演化而来，在初始行迹上，两者有不可分离的连续性。楷书盛行及成熟后，即有了大小两式，如北朝有数量极多、形貌宽博大派的刻石，也有体势精小的墓志或经书；在法式完备的唐楷里，既有颜真卿的大楷，欧阳询、柳公权的中楷，也有他们对应着的小楷。元代赵孟頫，中、小两楷皆为楷模。后世习小楷者，多由二王入。

统观二王小楷，其分别恰在王羲之与王献之风格对比。如果说王羲之小楷风格多显“古质”，显然王献之属“今妍”。虽然王羲之小楷风格中也有“今妍”的成分，但总体趋向还是偏于“质”的一路。单论技艺，王羲之在严整中有变化，趋于内里，即“齐中不齐”，其美在于功力深厚而意蕴无穷；王献之则于跌宕中滲参差，变在外观，即“天然不齐”，美如翩跹少年而神采飞扬。王羲之之书与钟繇保持更多的联系，偏于古典，而王献之《玉版十三行》则是惯常意义的小楷模式的归属，它的出现预示着小楷体式与风格发展的新一阶段的到来。如果独在小楷内部再作进一步的分别，以王羲之为例，笔者以为其风格样式大致有三：一是严格继承钟繇笔法，或可谓临摹式创作阶段，如《黄庭经》等；二是从临摹到创作的过渡阶段，如《东方朔画赞》等；三是渐有自身特色，开拓创新阶段，如《乐毅论》《孝女曹娥碑》等。如此细腻、精微的内在分别，想来王宠不会不知，使其临二王小楷不津津于点画的逼近，而在乎质与神的互参。这与历史上众多小楷书家极有相背之处，甚至包括王羲之学钟繇、王献之学王羲之等，即此一处，就显现出王宠的别出心裁。

王宠何以别出心裁如此？

（一）审美核心之对应性。任何艺术美，其属性具有多样性，这些多样性，在得到表现的、创造的前期都是一些散在的意向元素，这是不争的事实。美国剧作家阿瑟密勒说，有些艺术家如果事先知道他所要创作的作品全部涵义和内容，便不可能产生那股要完成一个作品的干劲。笔者认为那股写作的冲动力，应来源于艺术家对审美选择是有其自觉的筛选与对应的。举例说明，就目前所见的王羲之小楷，风格不一。其对“质”的挖掘、表达显然迥异于王献之、钟绍京、赵孟頫、文徵明等。“质”即是王羲之与小楷风格的专属对应，它既不是“刚健”，也不是“灵秀”，也非“野逸”，或者隐约的都含有一些，但如果硬性地贴上后一类的标签，总归有隔靴挠痒之嫌。

王宠临二王小楷，就有着鲜明的个人印记——同是对“质”偏重，但王宠眼中的“质”，更有原初性，不计工拙。心仪于“拙”，法式自然相应地隐退，王羲之时代的书法审美、风格选择，肯定与此前的汉魏“质朴之风”有着千丝万缕的联系，任何人脱离不了时代的局限。王羲之变“质朴”为“今妍”，已做出了历史性的贡献。再者从年龄论分析，也许可得到些许启示，王羲之虽不为高寿（六十岁去世），但与王宠（四十岁去世）比起来，还是有一个较长的修炼过程，如果让王宠再多活二十年，情形可想而知，但历史无法改写。在王宠面前站着一排的小楷名家，他独独选择了魏晋期间的二王作范本，这就是王宠的专属对应。这也是一股“冲动力”，而且直指拙朴，因此成功。

（二）艺术创造之排他性。艺术的创造和表现，首先得依凭自身的背景和艺术积累，但必须进一步地为此增添新质，才可谓之为“创造”。其间有诸多协调、衍生的环节，最基础者乃艺术创造和社会审美之间的对应关系问题。王宠临二王小楷，从表现手段而言，在二王法式基础上，表现更多的则是自身的艺术审美属性，王宠学习二王的方式，与赵孟頫作对比。赵孟頫笔下的二王，在形貌上可谓如出一辙，但神理却黯淡苍白了许多。赵是做到了“适应”，既适应社会，也适应民众，但他没有创造出新的适应，也就是说，他对王羲之的学习没有做到“新质”的添入，故常谓赵孟頫的创新观弱化于继承观，大约就是由此而来的。范本为一，为何结果两途？这是性格和艺术观使然。王宠的性格清纯孤雅，文徵明《王履吉墓志铭》称其“逡巡若处女，俯诎若蒙士，自余所睹，未尝失色于人，及其遇一善、觌一才，若饥渴之于饮食，故年殆强仕而海内胜流什五齿交矣”。这种清纯的品格，直接带来审美选择、艺术创造的脱俗，这是可以想见的。而反观赵孟頫，首先有宋宗室嫡传的家世存在，这一标签将会附生出一般士人难得的便利。其次，至元年间其也得到中央上层的重用。所有这些必然要在合乎封建社会法理的、中庸价值观的认知领域才有持续的可能。也就是说，赵的艺术观更多的是在一种既定的程序内繁衍开来，一招一式都有明显的套路、痕迹，观者甚至可以毫不费力地从上一笔的形与势，联想到下一笔的形与势。这就是赵对于书艺学习法的选择——熟练。赵孟頫在临古上，不但数量多得惊人，而且力求原貌，但他还是为自己不得尽古人临池之功而深感惭愧，虽然他确实驰骋南北。柳贯《跋赵文敏帖》说："犹记寒夕宿斋中，文敏谈余，试濡墨覆临颜、柳、徐、李诸帖，既成，命取真迹一一覆校，不惟转折向背无不绝似，而精采发越，有或过之。予问其何以能然，文敏曰：'亦熟之而已。'"这个"熟"，就是指临摹的要求。这是经验，也是观念。王宠如果也实现了他儿时读书致仕的心愿，是否也得遵循诸多的程序，一如赵孟頫的取法呢？这是一个令人深思的话题。

四、王宠临作与二王小楷技法的比较

二王小楷的笔法与形态特征在整体上皆属于古典一路。虽然细分，其中确有"古质"与"今妍"的分野，王羲之偏"质"，王献之向"妍"。但王宠的临作却有相互融通的理想追求，标志是在王宠的临作中已经消解了二王小楷彼此的风格归属，变成了纯粹的王宠的小楷模式，把其小楷创作与临二王之作放在一起解剖、研析，我们可以明显发现其合二为一，也就是说，王宠的临作带有很大的创作意味。

其一，王宠有意识地忽略笔法的完整性，而钟情于书写的率意性。二王之作，点画皆有来由，皆有一个完整的过程，极富形态特征，宛若雕塑。而王宠的笔下更有一种强烈的书写意识，虽然连带不多，但行草的率性特质在每一点画中却实实在在地存在。

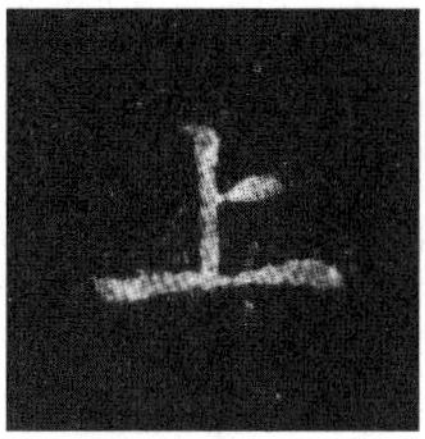
（图1-1）

（图1-2）

王羲之的“上”（图1-1）、“有”（图1-2），不同点画的形态感、形象性与行笔的过程都有明确的交待，虽然是碑刻，但线条的起讫动作鲜明，尤其是每一笔画的切入部分，大多有细微精妙的映带的痕迹。倘若与魏晋同期的写经书比较，其墨迹笔画的呼应更强烈，线条的萦绕更加明显。

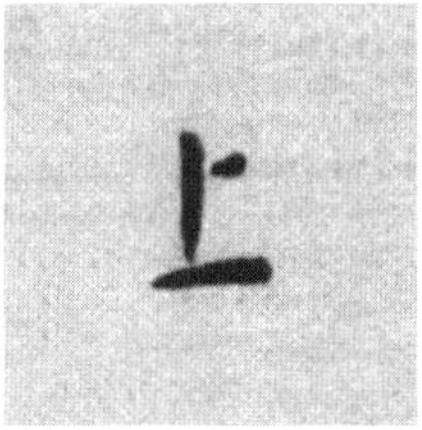
（图2-1）

（图2-2）

王宠的“上”（图2-1）、“有”（图2-2），单从点画的形态感、形象性与行笔的过程上看，显然大大简洁于王羲之的。看“上”字，三个笔画，特征其实就是一个，即由粗到细或由细到粗的一条直形线，短横也可以看作横画的减缩。总之，一切从简。王羲之主笔点画的起笔多顿点，王宠直入式。王宠的“上”字主笔底横，不但作顺势直入，而且有意识地收缩，底横的短造成一种动势；王羲之的“上”字底横作左右铺展，首尾势足，稳如泰山。

其二，在点画组合方面，王宠偏于情趣，二王亦重法度。或谓王宠情性多，二王工性结合。二王的点画形质及组合很有一种君子之态，王宠则有疏于法理的限制，而走向情调的抒发，轻松自在。

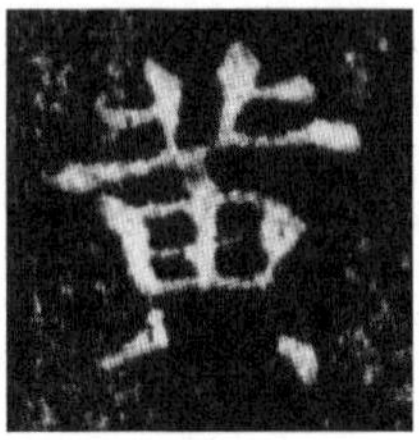 

（图3-1） （图3-2）

王羲之的“黄”“（图3-1）、“池”（图3-2），在根基于严谨法度的同时，有活泼情态的显露。如“黄”字的下部两点，左高右低，笔势呼应；“池”字左部三点形态及空间组合关系的变化，右部“也”字的收放及黑白对比。

（图4-1） （图4-2）

王宠的“黄”（图4-1）、“池”（图4-2），纯粹是一种个人情趣追求的显现，在点画形态、形质的继承性及空间组合、收放等方面显然有意识地与原帖远远疏离。

其三，在形貌特征上，二王尤其是王羲之，总体还是遵循古典，左右开展，而王宠多纵向取势。

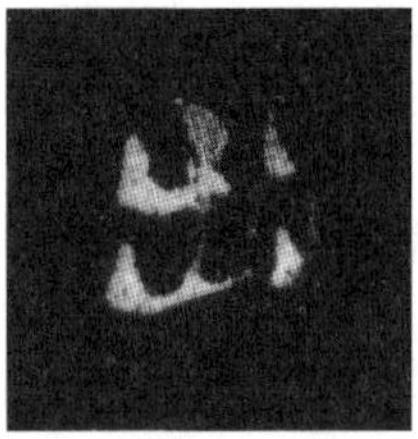 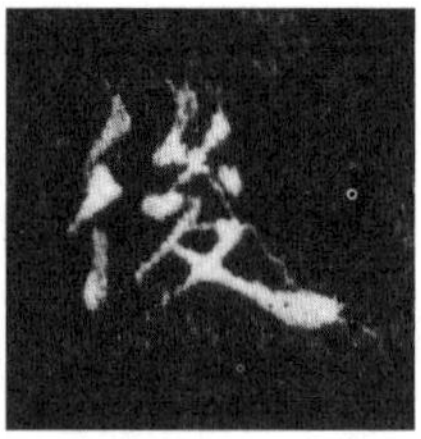

（图5-1） （图5-2）

王羲之的“出”（图5-1）、“后”（图5-2），皆以扁势出之，“后”字的长捺更是加重了左右的空间占位，长捺的这种被看重，在王羲之小楷中时有所见。

(图6-1)

(图6-2)

王宠的“出“(图6-1)、”后”(图6-2),出奇地向纵向拓展,“出”字的中竖之展颇出常规。一般作为主笔出现的捺画,在“后”字中却被主观地缩短,而且从形态上也隐含了常规之捺的“一波常作三过”,这种情况在王宠小楷,不论临作还是创作中皆为常态,或许这也是王宠对线条简约化的一个手段。

还有一个显著的外在特征,即王宠的临作(事实上也是创作),单字多缩左而展右,形成一种奇崛动荡的态势,具有一定的时代感。二王小楷,尤其是王羲之,以宽博充盈为基,以平匀端庄为主调,形式的对比相对弱化。

(图7-1)

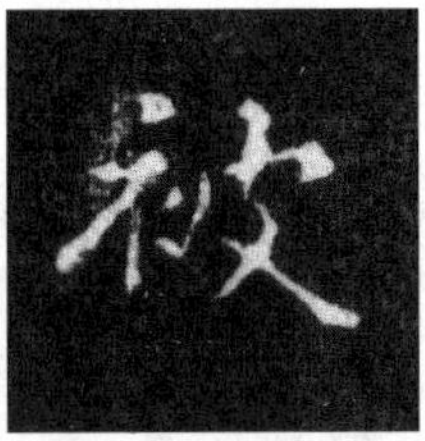
(图7-2)

王羲之的“灵”(图7-1)、“被”(图7-2),一个纵向分布,一个横向铺排。但二字在空间布势上还是以平、匀、稳、正为宗旨,从而形成端正庄严、雍容典雅的艺术风貌。

(图8-1)

(图8-2)

王宠的“灵”(图8-1)、“被”(图8-2),各有其态。“灵”字上、中、下三部的微妙错位及上部“雨”大幅度的左收右放等，使此字平添一种动态的鲜活感。“被”字原帖左部有视觉形象明显的回锋长撇，但王宠临作却极致地收缩，显然是作者自身的一种下意识行为，这种下意识的行为即是一种风格的显现了。

所有的小楷结构，既有其共性的普遍规律，亦具有个性的特殊规律。就其共性如宽绰、简约、笔短意长三方面，在二王小楷中皆有淋漓尽致的表现，但在王宠临作中却有明显的侧重。

一、宽绰。小楷字形虽小，但要清晰舒展、开阔松动，苏轼云“小字难于宽绰而有余”。王羲之小楷通过两个方面来实现其宽绰的结构理想。一是“虚空框架”，即主框结构中内有横直画者，使其不与周边线条相交，钟繇最善用此法，王羲之继承钟繇。二是“舒展笔势”，这是一种辐射式的结字方法。这种方法尽展其笔势，令其点画完满，如此大大地增加了线条之外的空间布势，从另外一个方面给人以舒展疏朗的感受。王宠临作在“舒展笔势”方面也是做到了更大的可能，但他的“虚空框架”，与王羲之大有不同。王宠在处理框内横画时不避粘连，且多处还与左竖相交，那他如何做到清雅而不臃肿呢？蜻蜓点水是也。

(图9-1)

(图9-2)

(图9-3)

(图9-4)

(王羲之小楷字例，前两字“虚空框架”式，后两字“舒展笔势”式)

(图10-1)

(图10-2)

(图10-3)

(图10-4)

(王宠临作字例)

二、简约。删减繁复的笔画，而仍能保持结构的完整性和可读性，使其最大可能地简约，这是小楷结构的又一特征。这种方法，虽然不及行草来得变化丰富，但在小楷中也较为常见。王羲之小楷中，往往通过缩短或简略笔画，或借助于行草法达到简约之效。王宠临作则通过减省运笔过程的复杂性，达到形态的简约效果。

（图11-1）

（图11-2）

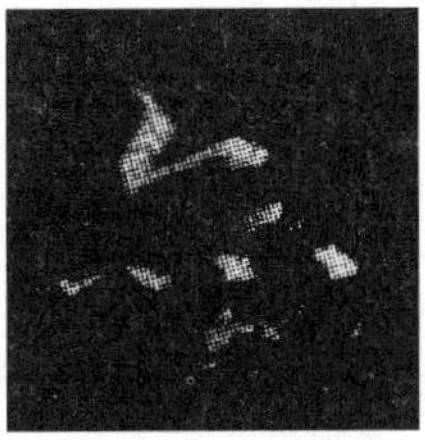
（图11-3）

（图11-4）

（王羲之小楷字例）

（图12-1）

（图12-2）

（图12-3）

（图12-4）

（王宠临作字例）

三、笔短意长。指既不尽展其势，亦不使尽其力，而采用藏锋遏势的方法。这种结字方法，含蓄蕴藉，浑厚古茂，极富意趣。钟繇、颜真卿、黄道周、刘墉最善此法。但此法用笔劲气内敛，势从内出，非年高手硬，难至沉著之境。王羲之此类字例不胜枚举，王宠此法也是极尽其能，只是王宠的笔短处，与王羲之并非只在形态上的合拍，王宠把此法用到了组成形象的方方面面。以下所举“王”“徒”“时”“近”四个字例，王羲之的用意多在于整体意向的缩短，但到了王宠的笔下，则成了短与长的相应的对比。如“王”字缩其上二横，“徒”字缩左部的短竖，“时”是缩左部的日字，“近”缩底部的平撇等，而其他各部都有不同程度的扩散。

（图13-1）

（图13-2）

（图13-3）

（图13-4）

（王羲之小楷字例）

（图14-1）

（图14-2）

（图14-3）

（图14-4）

（王宠临作字例）

杨澥金石交游考略

陈道义

杨澥（1781—1851），原名海，字竹唐，号龙石，又号聋石、聋道人、野航逸民、杨风子、吴江野老、石公、野航子、枯杨生、风痹废人等，苏州府吴江县人。他是活跃于清嘉道年间的篆刻大家，其石刻画像与传赞至今嵌置于西泠印社仰贤亭内。杨澥篆刻初习浙派，继学吴门派，又从秦汉宋元印中吸纳养料，并印外取法，从汉魏六朝碑刻中借鉴变通，自辟蹊径，从而蕴藉厚朴苍逸、气韵悠远，风格独特而面目多样。又精刻竹，且善摹金石文字，施以治印刀法，深圆古劲，风格独特，时称“江南第一名手”。杨澥一生刻印万枚以上，竹刻遗存亦多。他交游很广，由于资料所限，本文只选择其中部分代表人物与事例作一历史钩沉，以窥一斑。

杨澥一生足不远游，长期居住在江南小城吴江，多往来周边地域，如郡城苏州、浙江嘉兴等地，故其篆刻、竹刻首先在地方享名。如吴江柳亚子高祖古查公柳树芳就与杨澥十分交善，亚子从弟柳冀高（字抟霄，别号栗庐）曾手拓杨澥刻印二十五枚，成《栗庐藏印》，从印文和边款看，多为古查公而作，而且时间跨度较长，最早的一枚是嘉庆二十年（1815）春所刻“家在分湖十里间”，最晚的一枚是道光二十七年（1847）所刻“粥粥翁”，边款曰：“古查三兄近以粥粥翁自号，为篆此石贻之。丁未正月，六十七病者龙石。”1950年，柳亚子专为此谱写一叙文，准备出版印行，其中有曰：“余家自高祖古楂府君始，即赫然分湖文献世家，邑印人杨龙石翁，府君旧雨也，所治印颇夥，余忝家督，尽藏磨剑室中。”柳树芳比杨澥小六岁，是一位饱学之士，然未涉足仕宦，以道德文章名闻乡里，有《养余斋集》存世。柳树芳中年自号古查氏，杨澥为其治印；又自号胜溪居士，杨澥也为其治印；柳树芳再迁分湖定居，杨澥又为其刻“我是柳州一愚石，特来湖上作愚公”，可见两人交谊之深厚。

杨澥所存印谱中，有三方为苏州吴志恭静轩所治，一曰“静轩”（朱文），二曰“吴志恭印”（白文），三曰“仙壶”（长方朱文牙印），皆有边款，记两人之交游。如其二印款云：“吴门逆旅，小住半月，雨多晴少，春寒逼人，昨同静轩出西郭，访叶丈纫之，畅论金石，复从郊外叩积善僧庐，观宋时古梅，茶话半晌，幽憩甚惬，归寓勒此并记。壬辰正月廿九日，龙石。”此款反映了杨澥于道光十二年（壬辰，1832）正月在苏州小住半月，与吴志恭往来之事，所访叶丈纫之，乃吴门金石家，与张廷济等有交往，元和顾广圻《跋叶纫之金石拓本册》谓“吾友纫之，笃好金石，最勤搜访，计前后所获之数，与近来收藏诸名家约略相埒，而出于王少寇《萃编》未著录者正复不少”。其三印款云：“吴君静轩得胡卢一，长颈而绾成结，此仙人游戏为之，遂号仙壶。道光甲午九月之望，龙石并跋。”有些题跋、钤印、鉴藏场合，杨、吴二人同时出现。如吴门平江贝见香千墨庵所藏《金提空印拓本》上有“静轩吴志恭”于壬辰题记，也有“癸巳初伏三日吴江杨澥”题诗与题记。又如，西泠印社2012年春拍古籍精品《天发神谶碑》明拓本，亦有杨龙石、吴志恭等人的题跋。吴志恭，字寅伯，号仙壶、静轩居士，与杨澥年龄相仿，喜收藏，与吴让之等亦友善。

与杨澥同时期的蒋宝龄，字子延，号霞竹，江苏昭文（今常熟）人。后寓上海，二十五岁始出游苏州、湖州、杭州、嘉兴一带，广交诗人和画家。道光十九年（1839）在上海发起组织小蓬莱书画会，所著《墨林今话》影响深广。曾言杨澥篆刻为“江南第一名手”，此后秀水郭容光、西泠吴隐和叶铭等评介杨澥，均延此说。杨澥有一则《枯木庵唐代树腹题刻清拓本》，可见证杨、蒋两人的友情：“七八年前，闻闽省搜出古树唐刻，求之者不得见，后知嘉禾曹花尹藏一拓本，约观而仍未寓目。琴川老友蒋君霞竹，年余阔别，忽过百花盦，寓斋中出此本见眎，数载积愿一旦而偿，不亦快（哉）。……道光甲午十月十三日，‘快’下脱

‘哉’字，吴江杨澥识。”梅里冯登府《闽中金石志》收录此题识。蒋宝龄《琴东野屋诗集》也有《杨龙石澥乐饥图》《昔偕钱唐赵縠庵懿泛舟吴江夜过杨龙石家》等诗篇。

又，杨澥于嘉庆二十二年（丁丑，1817）七月为友人花山刻姓名印，乘兴成五言诗一首，勒于边款，诗曰：“各走饥驱路，相思近半年。归囊诗卷富，夸口主人贤。市义弹冯铗，论交访戴船。感君美酒赠，长抱瓮头眠。丁丑七月花山归自海宁，以瓮酒贻余，并近作诗卷见示，酌酒读诗，得悉迩时游历之趣，主宾之雅，拍案浮太白，乘兴成五言一首，即勒石上，以冀百年后子孙观者，可想见我辈平生梗概云。聋石道人海。”（图1A、图1B）两人诗酒相赠，颇有患难之交意味。另，上海《书法》杂志1985年第三期发表杨澥篆刻十四方，其中一方朱文“花山”，款曰“花山大兄属，海”（图2）。有关花山的资料不详，但仅从这两印及其边款，便可知两人关系密切。

篆刻之外，杨澥精于考证之学，在碑帖鉴藏、金石考据等方面均显出渊博的学识，故当时收藏界或文人雅集鉴赏场合其多受邀参与，并时有笔墨留存。如今藏苏州博物馆的《兰亭刻帖》之顾若波藏本四种，杨澥题跋墨迹就有两处；西泠印社一百十周年庆期间编著的《清代金石家书画集萃》（上海书画出版社）中有杨澥题拓六开；又如长洲顾沅在《今雨集》中辑录了杨澥考证文章，如《跋宋揭张长史郎官厅壁记碑》《题宋揭东海桓君庙碑》等几篇。这些鉴藏雅集之会，固

图1A

图1B

图2

然拓宽了杨澥的交游范围，也反映了杨澥与张廷济之往来。张廷济，字叔未，号未亭，晚号眉寿老人，浙江嘉兴人，精金石考据之学，尤擅文物鉴赏，喜收藏鼎彝、碑版等各类古器文物，著述甚丰，代表作有《清仪阁金石题识》《清仪阁古印偶存》等，在金石界声望很高。杨澥的鉴藏考证，在某种程度上受张廷济的影响较大，由于吴江与嘉兴的地缘之便，去请教的机会也多，这在杨澥的题跋中常有提及，如《跋宋搨唐张长史郎官厅壁记碑》："有唐原刻唐张长史郎官厅壁记碑，余于嘉庆年间得于浙西故家，惜剪装散佚八十三字，丁亥冬仲遇秀水张叔未翁于客次，出以相赏，见而大异之，谓为难购之品，即作跋数行，并为题检审定北宋拓本。"又如《题秦代铜度量刻铭》："嘉兴张叔未丈家藏一版，已经残缺，诏辞不全，确是始皇代物。此物赵晋斋先生获于清江浦收荒肆，后归张氏，余乞拓本于叔未丈，丈乃手拓一纸并作跋书于旁。"（见《清代金石家书画集粹》）杨澥视张廷济为长辈，而张廷济也很提携杨澥，两人有拓本互赠且同时题记，传为佳话。如《始皇廿六年诏版》张跋曰："此仅存四行，行三字，然祖龙时金石刻，今已绝无矣。道光戊子二月廿四日，寄请龙石先生姻契清鉴。叔未张廷济随笔。"（同上）此外，曾客寓吴门的金石学者瞿中溶，亦称"吾友龙石杨君者"。另据舒文扬先生在《从簠斋用印看陈介祺的篆刻审美和创作思想》中统计，杨澥还为金石家和收藏家陈介祺刻姓名及藏书印等五方。可见，杨澥能游于这些金石圈上层文人之间，其篆刻及鉴藏考据水平并非一般。

也由于鉴藏考证之原因，杨澥与何绍基很投缘。何绍基，字子贞，号东洲、蝯叟，湖南道州人，道光十六年（1836）进士，通经史，精小学、金石、碑版，喜收藏，广交游，中岁数过吴门，晚年寓居苏州，直至去世。他与杨澥有酬唱、信札、题跋往来，据常熟邵松年《古缘萃录·何子贞书札诗翰册（瓶麓斋旧藏）》记载："书札三十五开又半，附弟绍京、绍祺、绍业书札五开，皆与龙石、漱芸（杨澥弟炳春）两先生者……与龙石、漱芸为金石之交，故得其手迹甚夥。"何绍基在《东洲草堂集》中有几处写到与杨澥交流金石拓藏之事，如《题杨龙石藏瘗鹤铭水拓旧本》云："龙石老兄寄示鹤铭……索跋。余于此铭曾三次手拓，最先为道光壬辰冬仲冒雪打碑，致为得意。旋晤龙兄见示水拓片幅，叹为稀有。……龙兄所获佳拓往往寄赠，今于此帖，亦似有息壤在彼之意。展卷怀人，神思飞越，虽相望二千里，不啻一室一几一壶一灯掀髯讨论也。”杨澥曾为何绍基刻“道州何绍基珍藏印”象牙朱文印，边款称“子贞先生自都门远属制此，延迟一年始以奉报云。龙石。”（图3）皆为此两人交游的直接见证。

苏州博物馆藏顾若波藏本《古刻禊帖四种》，其上有一则杨澥题跋墨迹，颇耐人寻味，叙述的是与杭州人徐问渠交游之事：“壬辰年，余寓西百巷王氏。是年，王氏延杭人徐问渠为西席，相与乍交，不知其为老黠驵也。曾与谈及遇是石于某处铺中，仅值甫欲成，而遽染病归家。不意徐驵旋访石之所在，且谄言余托其代购，竟以番银八饼负至馆，匿此石于床头。余复至，初不吐实。售者至，始识其黠状，必因此而争得失，反恐为旁人嗤笑，付之一叹而已。”落款是“辛丑二月十一日”。同年，有吴江赵鹤生亨衢题记也提到杨、徐此事，语词似从杨氏口中得，但他认为“古人赚取《兰亭》，殆今不异于古所云耶”。西百巷王氏有百花庵（在今苏州市中街路西百花巷），乾嘉学派学者顾广圻为作《百花庵图序》。此前，杨澥于道光十三年（癸巳，1833）在千墨庵所藏《金提空印拓本》上题跋时，也提及与徐问渠做伴之事，但口气却有不同：“见香先生弆藏金石品类甚富，此金朝提空官印，全豹一斑耳。客岁寓王氏百花庵，与杭郡徐问渠做伴，每见先生以金石多种出贻问渠，如秦权、如散氏盘铭诸名拓，实新羡焉。鄙人福薄，不能梦见，未免怏怏于中，想缘浅未到耶，一笑一笑。癸巳初伏三日，吴江杨澥。”（见郁重今编纂《历代印谱序跋汇编》）徐问渠在金石篆刻方面造诣亦颇深，蒋宝龄《墨林今话》有录，后人将其列为“浙西四家”之一。

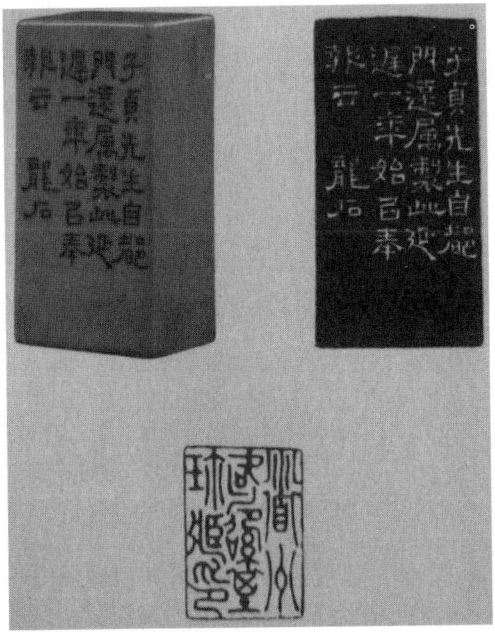

图3

杨澥凭借一身篆刻技艺和渊博的金石知识，亦游于地方官吏场，为他们刻印，间有鉴藏题跋相互交流。如《书法》杂志1985年第三期发表

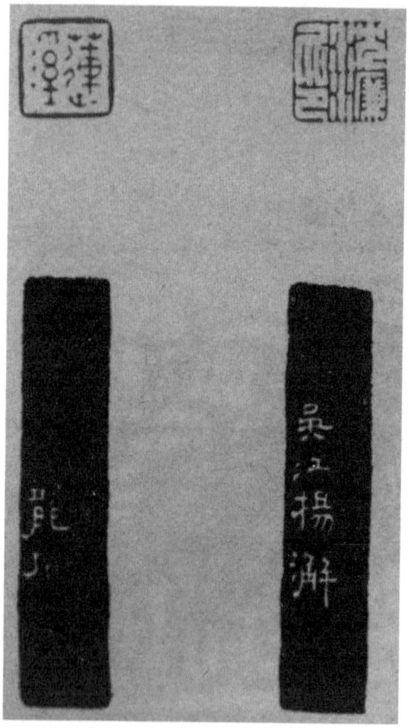

图4

的“沈濂印”“濂溪”两印（图4），是杨澥为嘉兴沈濂所刻。沈濂，字景周，号莲溪，浙江秀水人，道光三年（1823）进士，由刑部主事历官江南淮徐海道，晚岁主河朔书院，少噪文誉，尤精考订，著有《沈莲溪全集》等。又如与陈銮同题《金提空印拓本》，在吴门顾沅辑《今雨集》中，陈銮、杨澥亦皆在列。陈銮，字仲和，一字芝楣，湖北江夏（今武昌）人，嘉庆二十五年（1820）赐进士及第一甲三名，道光五年（1825）补授松江府，旋调苏州府，移江宁府，十七年（1837）升江西巡抚，移江苏巡抚，十九年（1839）升两江总督，卒于任。再如上海图书馆藏《杨龙石印存》两册，书口印有“西泠印社辑”字样，与西泠印社藏本《杨龙石印存》的不同之处，主要在于印谱末尾多了“戊寅浙江解元”“徐士芬印”等四方与徐士芬有关的印拓及边款。徐士芬，字诵清，号辛庵，一署惺庵，浙江平湖人，嘉庆二十三年（1818）乡试第一，翌年中进士，授翰林院编修，道光二年（1822）任江南副考官，次年为会试同考官，旋升广东学政，道光十六年（1836）升内阁学士兼礼部侍郎，道光十九年（1839）累官工部右侍郎，兼管钱法堂事务，不久任顺天副考官，道光二十四年（1844）为会试副总裁，同年秋充江南正考官，旋调户部右侍郎，后因病告归。返里后，曾为嘉兴冯登府刊行《金石综例》，著有《漱芳阁诗文集》等。此外，杨澥六十多岁时，为嘉兴训导钟亮采（号石瓠）刻“石瓠曾观”，六十七岁时为吴江司铎赵彦修刻姓名印等。杨澥还受里友王之佐之请，刻印赠送林则徐，印为“河东节帅江左中丞”“林则徐印”两方对章（图5A、图5B），其一边款曰：“道光十有三年，岁在癸巳正月，晋谒少穆中丞大人，蒙赐书籍，并最以立品敦行，培植清殷，愧难报称，爰属杨山人勒石奉献，即以志感，震泽王之佐。”另一边款是歌颂林则徐德操的四言诗，末署“王之佐敬颂，吴江杨澥勒”。王之佐，字砚农，震泽梅堰人，道光元年（1821）举孝廉方正，工吟咏，

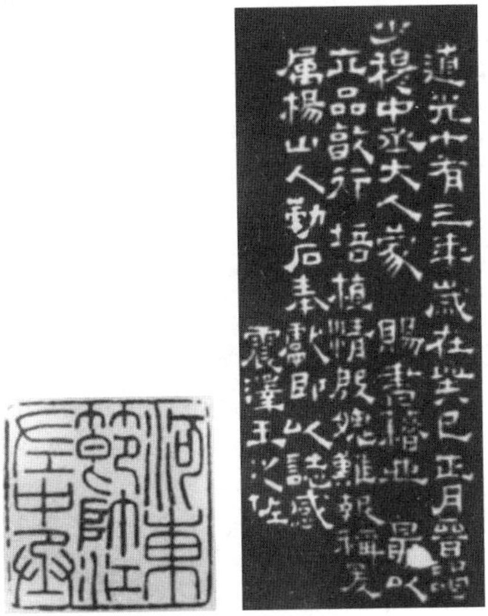

图5A

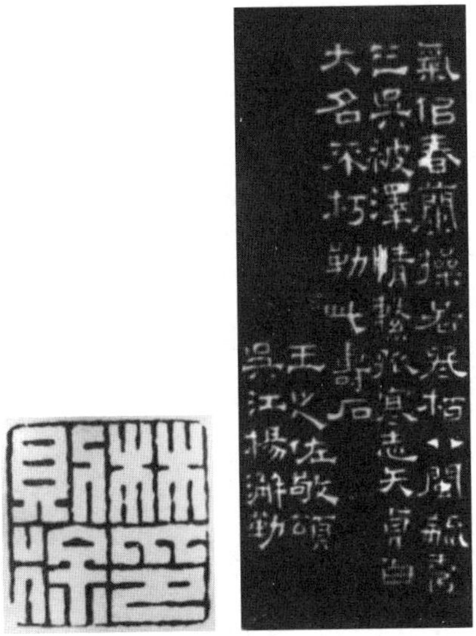

图5B

善画兰，能篆刻，著《青来草堂稿》。据清道光年间于源《灯窗琐话》记载，王之佐曾得岳忠武玉印，颜其斋曰“宝印”，辑岳飞名印题咏为《宝印集》。

以上从地域缘、金石圈、官吏场三个方面，钩沉了杨澥金石交游中的部分人物和事例，从中我们可窥见这位布衣印人在社会各阶层的影响。考述研究这些交游案例，也可以观察到篆刻家本人从交游中获得了新知，开阔了眼界，从而使其自身的技艺水平不断提高，认识也更加深刻。并且，篆刻家通过与社会各阶层人士的交游，也使自己受到时人的广泛认同，还能让更多的人认识到篆刻艺术之美，对印文化的传播起到了推动作用。

泰伯文献辑补（二）

孙中旺

朱彦，宋人，生平不详，徽宗时曾知常州军州事。

◎延陵季子庙记

常州，古延陵也，吴季子所封之地。至西汉为毗陵，又至东晋为晋陵，宋、齐因之。隋平陈，废晋陵为常州，唐因之。或曰晋陵郡自晋武帝太康二年分曲阿为延陵，至隋徙治丹徒，唐武德三年徙延陵，还治故县，今润之延陵镇是也。杜佑谓："曲阿延陵有季子庙，非古之延陵，古延陵在今晋陵县。"其说明矣。而孔子所书季子墓碑，岁久益湮没。开元中，明皇敕殷仲容摹刻之。大历十四年，润州刺史萧定重刻石延陵庙中，于是俗习徒见润之延陵季子庙，而不知常州实古延陵，而季子所封也。余以罪谪守是州，因考《太史公书》、历代《地志》《通典》《图经》，得其详矣。又得其所谓"季子墓在晋陵县北七十里申港之西，又曰暨阳乡"，而暨阳隶今之江阴县，乃属令赵士浘访之，得大冢于暨阳门外三十里申浦之侧，有季子庙，与《史记》《地志》《通典》《图经》合。于是表识其墓，谨樵牧耕凿之禁，又摹取孔子所书十字刻碑墓上，设像祠之。学中以时率吏士诸生拜焉，所以示邦人贵有德也。又备论历世废兴与俗习之变易，刻之碑下，后有君子得以览观焉。

［道光《江阴县志》卷七，清道光二十年（1840）刻本］

许彬（1386—1461），字道中，号养浩，明山东宁阳人。永乐十三年（1415）进士，英宗复辟后，入直文渊阁，后为内阁首辅。卒赠礼部尚书，谥襄敏。著有《东鲁先生集》等。

◎**宁阳至德先圣泰伯庙记**

大德者食报必厚，至行者福泽无疆，此固理之自然也。昔泰伯三以天下让，民无得而称焉。孔子以为至德，意以两全忠孝于难全之际欤。盖周盛殷衰，则改步移玉，天下宜为周有也。元嫡承祧，则三十七百天下宜为泰伯有也。且以国民君事之才，而袭王迹肇基之统，则永清大定，宜为泰伯及身有也。顾乃不从翦商，偕弟南窜，其忠亦何盛乎！特是明王致咏西伯之服事，可以自遂其怀，采薇兴歌，夷、齐之叩马无难直行其志。若泰伯者，义重君臣，恩关父子，龃龉多端，庸获咸宜哉？畴知托名而逃，文身而隐，归宝箓于亳京，不失君臣之义；埋声闻于吴国，并成父子之恩，此其两全忠孝于难全之际者也。非古今之至德，其孰能与于斯德至而食报？亦至德至而福泽亦至，源远流长，本深末茂，其子孙之绵绵翼翼、炳炳麟麟，而未有艾也，亦其理之自然哉！

稽伯之曾孙仲弈受封于阎乡，遂以阎为氏。其嫡裔国宝公来宁卜居，作庙祀伯，崇檗砿范，黝垩治丹雘、融金粉，巍然焕然，杰立乎洸水之右，壮观乎牛山之表，春秋瞻拜，飶芬昭格，诚盛事也。

噫！衡山分瓒，已上吴伯之号，而馨香俎豆，犹依依于山高水长；易水削玉，更锡元胄之封，而笑貌衣冠，时眷眷于流风余韵。抚几筵而思梧棬，尚追荆蛮之踪；仰榱桷而想謦欬，长念端委之貌。讵非至德之食报者厚，而福泽流于无疆乎？

缅维芳躅，易胜流连；款兹遗范，殊深向慕。聊缀数言，敢以寿诸贞珉云。

［光绪《宁阳续志》卷二十二，清光绪十三年（1887）刻本］

李东阳（1447—1516），字宾之，号西涯，湖广茶陵（今湖南茶陵）人。天顺八年（1464）进士，官至内阁首辅。立朝五十年，柄国十八载，清节不渝。卒赠太师，谥文正。著有《怀麓堂集》等。

◎重修季子庙记

常州府季子庙，在府治东一里。刑部尚书白公昂尝读书其间，慨其敝陋，谓居守道徒曰：“吾他日必修之。”公举天顺丁丑进士，历官两京，不暇葺治。每询诸子弟及乡之人，闻其益敝，恒慨然于怀。

越四十余年，为弘治戊午，始以属诸巡按御史曰：“此有司纪典所载。”第公赋方殷，未易旁及。乃会诸官，得羸财若干，简材治籍，庀物督工，撤其旧构而重新之。堂庑庭所，以次继作。焕然为华，象设昭布，礼器具列，回视昔之颓垣败宇者异矣。

按：吴封于延陵，实今之武进县，县西北七十里暨阳乡有季子庙，后其地属于江阴。孔子所书石刻在焉。唐玄宗时，命殷仲容摹刻之。代宗时润州刺史萧定，宋徽宗时知常州朱彦，递传刻之。国朝洪武间，始建兹庙，其后知府莫愚、知县朱恕修之，又摹旧刻置于庭侧。自季子没二千余年，庙几兴废几迁徙，而其名号风节固未泯也。夫称季子者，谓其执节让国，不以千乘动其心。聘鲁观乐，而知列国之故；聘齐、郑、卫、晋，而知其政；见其臣而知其可与者。其明睿通博，出于人远甚，故以孔子之圣，与其合礼，至题辞以表之，非其人之贤宜不得此。

议季子者，乃以来聘书名之义，疑其让国之过，为贤者累，殆亦有说焉。然《春秋》所书，其隐然者也；《礼》之所载，与墓题之所识，其显然者也。隐然者既未能以尽识，显然者不据而信之，奚可哉？夫让，德之美也。苟知让之为美德，则于处家必无秦越人相视之患，于群居必无触蛮氏交战之耻。兹庙之祀，固廉贪立懦之端，其于世教不为无助也。秉彝好德，人心所同，况私淑景仰出乎其地者哉！白公壮而用世，老能完名，慕古力学，盖其素志，而于好德审尚之义，亦有合焉。兹庙之修，若有待于今日，不可以不识也。东阳楚人，虽殊地异境，亦有感乎斯义。因纪成事，告诸来者，俾时修之，且为楚歌以祀神。其辞曰：

朝弭节兮江东，暮搴芳兮水中。迟公子兮不来，郁余怀兮忡忡。兰堂兮桂宫，襜裀兮数重。公子兮归来，乐予心兮融融。吴之国兮姬之宗，继伯仲兮让侯封。彼美兮公子，缵太伯兮遗风。时震撼兮舂撞，斗雄雌兮竞衡从。屹砥柱兮不动，见东流兮淙淙。眇千乘兮一毫，亦何心兮鼎钟？生好古兮若渴，匪斯人兮曷从？神之居兮俗庞，神之锡兮年丰。愿千秋兮百世，永报祀兮无终穷。

［《怀麓堂集》卷六十六，清文渊阁《四库全书》本］

海瑞（1514—1587），字汝贤，号刚峰，海南琼山人。嘉靖二十八年（1549）举人，历任佥都御史、应天巡抚等职。在任打击豪强，兴修水利，严惩贪官污吏，有“海青天”之誉。卒赠太子太保，谥忠介。著有《海忠介公集》。

◎泰伯论

上

太王翦商之志，金仁山、胡双湖辩之详矣。愚窃谓太王实有是志，泰伯去之，夫子亦不当以至德许之。夫太王当祖甲之时，去高宗中兴未远，后一百有余岁，殷始亡。则当太王时乃商家盛强之末，衰弱之始。其天命人心，尚完固未动。所谓翦商，亦言乎其志焉耳，非爰整其旅，如观兵孟津、陈师牧野之为也。泰伯无荆蛮之逃，则国属之泰伯矣。属之泰伯，而泰伯以不取为心，则翦商之志，蓄于王者，息之泰伯。季历不得位，日后无武王事，纣无灭亡之理。此其以天下让商，更为何如？太王欲传位季历，则翦商之志，季历从之矣。太王启于先，季历从于后，父作子述，事必有可成无难者。君臣之义，泰伯不以此身维持其间，而托于采药之去。我虽不杀伯仁，伯仁由我而死。充类至义之尽，泰伯其得为有君也哉？且弑君，天下大恶也。幸而成之，公议凛于斧钺，不幸不成，大则身首异处，破坏家门；小则贬削投荒，流离终世。王述之子坦之欲以女与桓温，述怒排坦之曰：“汝真痴耶！乃欲以女与兵。”坦之是以不与桓温之祸。窃以为泰伯之爱太王，不如述之爱其子矣。圣贤之论曰：“君有过，三谏而不听，则逃之。父有过，三谏而不听，则号泣而随之。”夫子臣异道，非止谓其天合人合，义当如此也。子之于父，一体而生。比之异姓君臣，情分有别。以光明正大之义，投一气相通之亲。婉顺号泣至三至再，无不可以感通而挽回焉者。父有诤子，则身不陷于不义。无君一念，此其事为何如，可逆料其不可反而遂逃之耶！仁杰周旋于则天之朝，双陆不胜之兆，姑侄子母之言，且能动之。俾天下复为唐有。太王固非昏暗之武后也，仁杰能行于异姓之妇人，泰伯不能行于至亲之父子。且朱子之论泰伯曰：“德足以朝诸侯而有天下。”夫足以朝诸侯有天下，而不能以大义回父心，吾不信之矣。以子事父，情有可为而不为。身为世子，权有可为而不为。以事父言则不孝，以事商言则不忠。启天下无君之祸，贻家门弑逆之羞，皆荆蛮一逃为之也。夫子旁通事物之变，酌见义理之原，而顾以至德称之哉。

下

果如翦商说，则泰伯洁身而去，仅得与申生之恭为类。质美未学，谓之德且不可矣。况可谓之至乎？盖采药一去，使太王果成翦商之事，则商家天下不得于太王，当得于季历。是泰伯不取商家之天下，而任父与弟取之也。《春秋》书“赵盾弑其君”。任父与弟取之，不以此身维持其间，绳以《春秋》法，泰伯罪不可逃矣。仁杰周旋于女主之朝，君子取焉。盖君子期于成天下之事，而不必于明己之志。苟谓惟求无愧，直遂径行，可以维持左右，使不至于成其逆者，皆不为之，泰伯不得为圣贤矣。朱子以遂成吴国事料泰伯于商周之际，足以朝诸侯有天下。太王邑于岐山之下，从如归市，不能以有天下乎？太王可有天下，而泰伯洁身去之，谓让天下于商可乎？且朝诸侯有天下之说，尤不可晓。说者谓周之顽民，为商忠臣，观多方多士训殷民者详矣。必三纪而后风俗移易，牧野之师，虽殷民有倒戈之志，然犹有前途交战之人。孟子曰：“其故家遗俗，流风善政，犹有存者。”是以难也。泰伯虽盛德，当不过于文王，文王值罪恶贯盈之纣，不能为之。泰伯当祖甲世，去高宗中兴未远，又焉能朝诸侯有天下易易耶？三分有二以服事殷，说者谓九州所以不遽叛者，皆小心翼翼延焉。夫纣犹有可延之势，以泰伯不从之德，当祖甲盛时为天下倡率，民可知方，商室泰山而四维之矣。朝诸侯有天下，此必无之事也。孟子曰：“继世而有天下者，天之所废，必若桀、纣，故益、伊尹、周公不有天下。”适圣贤六七作之后，而天下遽弃之耶！以德言泰伯无取天下之理，以时言泰伯无取天下之几。徒见夫遂成吴国之迹，谓可以朝诸侯有天下。夫归泰伯之人，正邠人从太王之人也。其心知有君臣之义，故见夫可君者翕然归之。又跻我于天下一君之上，恐知有仁之人不如是也。归市之太王，不能即遂翦商之心；遂成吴国之泰伯，能朝诸侯有天下乎？且推己之物以与人谓之让，指商家未败之天下为泰伯当得而不取之恩，是何以异于盗贼指所未劫之家其所积为己有，而姑让与积财者所用耶？大禹、太甲、成王之天下，不可谓为伊尹、周公旦所让，周之天下不可谓为泰伯所让，尤可知矣。夫子之言，当不如是。朱子凭《史记》之语，而想象推之，于太王、泰伯心事，皆不得其实。而其时其事并夫子称许之言，有相悖戾不可强通者。不若止以让国季历说武王终有天下，故以让天下推许之，无碍也。

［《海忠介公全集》卷一，明天启六年（1626）刻本］

丁懋儒，山东聊城人。嘉靖四十四年（1565）进士，万历二年（1574）由给事中转任永州知府。

◎**泰伯祠记**

按旧《志》，邑北五里山下，有周太王庙。或曰："神乃周泰伯。"右有黄马相公庙，即周仲雍。左下有泉涌出，入大江，经城东，潆洄四五里，灌附郭田数万亩；右下亦有泉涌出，绕城西南，入大江，灌田数万亩。并著灵应，土人遇旱尝祷此。摄宁远蔡君光，于万历初年至邑，岁适旱，祷泰伯祠，雨泽沾足，获有年。因白于当道，为置祭。春秋用豕一、羊一，仲雍配享。盖自有祠而入有司之祭享，始于此。然庙制隘陋，仅有一室四楹而已，于典礼弗称。蔡君谋与充扩，建正室四楹，以奉泰伯；中为讲堂四楹，以申乡约；东西厢各四楹。额其门曰："孝友至德之祠。"盖有所惩，亦以风邑人云。工始于乙亥春三月，迄于其夏四月。祠成，宜有记。

夫圣贤出处与其行事之迹，自昔记之矣。然而错举互见，其间固多可信，若疑而未定者，每滋谈说，而卒莫可究。圣人为天子，莫大于舜。"卒于鸣条"，《孟子》之言也。今陵祠乃在九疑。泰伯之后封于吴，所谓"采药衡山，逃之荆蛮"，非是庙为之左证，无锡之梅里村必为始逃之处，而楚之兼越为荆，取信千古矣。由是则知断发文身，必在于此。梅里，或再至之地，抑勾吴之始封者耳。夫人有一行，足以被当年与来世，犹且称之不衰。泰伯至德，百世之师也，而伯夷、柳下惠，且不能若是班矣，遁于荒野。周之三圣，如王季、文武，因以开一代之治，言父子则顺，言君臣则理，言兄弟则和。有让之实，而泯其迹，此夫子所以亟称之也。微《鲁论》，则后世之论泰伯，不过例诸遁世无闷，而甘为枯寂者流耳，其何以知圣人之心乎？以此风诸民，则知圣人视国与天下，犹弃敝履。人多以尺寸伤考，心犹兄弟，其初非有异也，习于其俗，而弗知悔焉耳！或曰："自后而观，泰伯为至德；由前而谅，泰伯为圣人。使受其国，以有天下，犹反掌也。不是之取，委而遗诸文武，何无济世之仁乎？"天未易言也。至德，圣之所有，亦俟天命之何如耳！天命在文王，则泰伯不得不逊。岂惟泰伯，益、伊尹、周公，不有天下，孔子终其身弗遇焉，其议断可识矣。益、伊尹、周公、孔子其迹著，泰伯其迹微，或俟天命于人，或顺天命于己，其揆一也。是故舍贞蹈义，达权委道，能为而不为，心事如空洞澄渊，置身鹫鸠，仪鹄举非古之大圣者，其孰能与于此？

[康熙《永州府志》卷二十，清康熙九年（1670）刻本]

刘体道，号云溪，江西新昌人。隆庆二年（1568）进士，万历初由刑部郎中出判苏州。奉命督催苏税，奏请减民浮额，甚得苏民称赞。著有《公余漫稿》。

◎重修清权祠碑

万历丙子，予以秋官郎判苏州府，事踰年，而出署常熟。常熟枕虞山为县治，予登虞山，其上盖有仲雍冢云。县在故吴境内，仲雍适吴不返，乃卒葬于此。在昔成化辛丑，部使者娄公谦创仲雍祠于冢西。至弘治戊午，县令杨公子器病旧地湫隘，改卜今处。岁久圮，蛊樵牧杂来，棘莽满目，庙制弗称。会予主纪事，宿于祠下，徘徊瞻度，议将新之。谋出官之羡，鸠工庀材。未几，令尹留君以觐毕还邑，予解去，君督典者终乃役，而仍属予记其卒始。

予少也则尝读司马氏矣，其所记载仲雍逃吴事甚备。盖仲雍当商周之际，不能扶其君之不坠，而又不能已其弟之不嗣父而兴，处此有甚难者，乃一旦托采药之故，随其兄长往于吴，以让其国，以曲全其父之志。清风高节，掀揭照耀，与茹薇扣马之夫，异行同心，异代称烈。嗟乎，至德哉！去今几二千余年，海内士谭者莫不举手击节，相与叹咏，以想见其流风遗范，而况亲为其过化藏魄之地者乎？故祠新之弗可以已也。夫祠者，所以寄形而存迹，彰往而劝来，其义有攸系也。吴于古为荆蛮地，自仲雍兄弟来奔，史谓荆人义之，从而归者千余家，相与奉为君长，自是寖引寖隆。吴入中国，为声名文物之区，而揖让礼义，甲于天下，仲雍之教也。今庙貌常新，俎豆不废，俾常熟之荐。绅士与夫吏兹土者，过而游以吊者，睹则触，触则兴，兴则瞻恋栖迟而不忍去，惕然有秉礼植节、矢清怀忠之念焉。由此观之，祠亦不为无助。抑予又有感也，仲雍逃荣华而甘闲寞，逊其弟开拓姬箓，开八百年昌明之祚，乃今有周之祀寂寥，而仲雍之飨如在，以此见名位之不如节义垂芳较远也。彼李商隐乃谓让非贤人事，岂足训哉？祠之修，经始于丁丑某月日，落成于是年某月日，为寝、为堂、为门垣各若干，閟宫茂林，窅窅燿燿，视虞山比崇埒久矣。是役也，首事在予，而笃谋务成，则留君力也，并记之。

[《海虞文徵》卷七，清光绪三十一年（1905）石印本]

汪琬（1624—1691），字苕文，号钝庵，晚号尧峰，清长洲（今江苏苏州）人。顺治十二年（1655）进士，后举博学鸿词，官至刑部郎中。工诗文，与侯方域、魏禧并称“清初散文三大家”。著有《尧峰诗文钞》《钝翁类稿》等。

◎吴仲雍祠碑记

昔泰伯以天下让，去周之荆，自号勾吴，荆人义而归之，立为吴泰伯。泰伯卒，无子，弟仲雍立，是为吴仲雍。迨武王既定天下，乃封周章于吴，以为太伯后。章，故仲雍之曾孙也。

按：仲雍为太王次子。其在《诗》曰：“帝作邦作对，自泰伯王季。”而仲雍不与焉，即夫子称泰伯之让“可谓至德”，亦不及仲。凡以太王之后，立长立贤，俱非仲分内事也。虽然，使伯去而仲留，则岐周之仲子，何必不为孤竹之仲子，顾与泰伯同为采药之行者，非其立志之有同揆欤？志同，则其德亦同。千古以下，孰得而轩轾之？武王既封周章于吴以奉泰伯之祀，又封章之弟于虞以主仲雍之祀，崇德报功之典一也。迨晋灭虞，而吴独存，吴存而仲雍未尚无后也。顾后之姓吴者，率皆祖泰伯，而不闻其祖仲雍，于义何居？岂以为人后者为之子孙，不得复顾私亲耶？虽然，此则宗子之义也。吴之宗子，世守烝尝，如汉有奉祠侯，晋有昭衍公，统承大宗，奉泰伯为始祖，而亦必以恭孝王仲雍为之配。自宗子而外，皆为支子，即以仲雍为始祖，又何辞焉？

序商吴君文灏，为有唐史官竞之裔孙。其家于白沙也，自太学生谦始，由谦以溯之竞，由竞以溯之延陵季子，谱牒可据，世次秩然，实恭孝之分支。不敢忘所自始，于是请之当事，建祠以奉祀事。属予作文以记之。且告予曰："灏之为是役也，实以承吾父之志。每过庭时，辄以敦叙为训诲，谓吾祖承正肃公后始迁白沙，首建祖祠，阅世既久，鞠为茂草。今祠基不可复识，而宗族几同路人，良可深慨。爰命修谱，以联其俗，又命建祠，俾后人无忘至德之传。灏今具呈当事，独以恭孝祠为请者，嫌与大宗并，不敢侵其职守云尔。今祠既成，为阁三楹，中仍奉三让王神位，而以恭孝王、延陵王左右之，次及先世之有功德可垂不朽者，惟我始祖亦得从祀其间，以终先人之志，可乎？"予应之曰："此固君家祖祠也，因厥考而念厥祖，念尔祖以及其始祖，既以恭孝王仲雍为始祖矣，亦念仲雍当年始始终终所追随而不忍一日离者，何人乎？仲雍盖以弟之恭，而成子之孝，然则建恭孝之祠，必首尊三让之位，礼以义起，非过也。"吴君唯唯。爰援笔以纪其事。

［《太湖备考》卷十三，清乾隆十五年（1750）刻本］

徐乾学（1631—1694），字原一，号健庵，昆山人。康熙九年（1670）进士，官至刑部尚书。推崇程朱理学，训诂推崇古注而不废宋元经说。家有传是楼，藏书甚富。著有《憺园集》等。

◎吴延陵季子祠碑记

武山吴延陵季子祠，其始盖不可考。尝读濮娄公《高山》之诗，其次章云："爰有高山，可立室家。藏器奠主，心靡有涯。"《记》曰："君子将营宫室，先立祠于正寝之东。"濮公为季子嫡孙，学于古训，率祖攸行，动必合礼，其筑室兹土，当必知所先务“藏器奠主”之辞，蔼然仁孝，见于言表，是季子祠之权舆也。至吴寿宁，而易茅茨为榱桷，改土阶为陛级，以丹以垩，斯革斯飞，乃肖季子像，而合族人岁时以祀之，招僧看守，别名为庵，是季子祠之改观也。自元迄明，以至国朝，几四百年，空山风雨，祠日颓败，不可复理。南村吴君追念祖泽，慨然愿起而新之，撤材架屋，其制恢宏，视昔逾倍，左昭右穆，分立有序，鼎俎笾豆，奇偶有数，春露秋霜，祭必告虔，而无后时，是季子祠振兴之日也。

余自庚午夏，携书局于东山，得与南村父子交游，尝过其园亭，亲其议论风旨，与之凭高北望，有阜隆然而起者，曰濮公墩也；有石烂然而立者，曰锦鸠峰也；有林蔚然而深者，曰季子祠在也。因道其所由来，而南村请为之记，并出其所修家谱及请祭情词以相示。呜呼！南村之用心可谓苦矣，用力可谓勤矣，谱不靳一修再修，祭不惮三请四请。盖积二十余年之心力，而始克有成功。祖宗得世享之祀，似续叨奕叶之光，南村可谓延陵之贤子孙矣。

癸酉冬，南村捐馆，予追念曩畴，未忍负诺，因记其梗概，遗其颐、臧二子，勒石于祠，以昭示来世。是南村生存之志也，是予待南村不死之心也。嗟夫！

［《太湖备考》卷十三，清乾隆十五年（1750）刻本］

吴贯，字传一，浙江淳安人。康熙二十一年（1682）进士，授武昌通城县令，廉洁爱民，政绩卓异，擢升陕西乾州知州，治为秦中冠，升户部郎中。

◎小嵩山泰伯祠记

嵩山下旧有泰伯祠，宋咸淳中，进士吴攀龙所建，扁曰至德。明宣德、正统间，吴晋、吴士才重整新之，肖以像，岁时祭祀。后佥事吴钦以子姓蕃衍，祠隘不能容，乃稍廓其规模，轮奂一新，益以延陵季子札配享焉。

［光绪《淳安县志》卷三，清光绪十年（1884）刻本］

苏州市泰伯文化研究会2020年大事记

1月6日，泰伯文化研究会下属吴氏文化研究中心召开主任会议，回顾2019年工作，商定2020年计划。研究中心在新的一年里，将继续配合《泰伯文化研究》做好征稿工作，《勾吴印记》列入今明两年的出版计划；下半年组织会员前往无锡参观泰伯墓、泰伯庙等。

1月14日上午，泰伯文化研究会举行全体会议暨新书发行仪式。会议主要内容：一、2019年工作总结，主要有以下几个方面：（一）编辑、出版了《泰伯文化研究》（2018年）、连环画《季札的故事》。（二）举行了一系列活动，如组织专家到学校演讲；与文艺之家等在泰伯庙举行“诗歌颂祖国　至德传古今”青少年清明主题教育活动；除清明祭祀活动外，参与了文艺之家等组织的其他活动，如迎新春泰伯送福、正月十五闹元宵、重阳尊老敬老等；吴氏文化研究中心也开展了多次研究、交流、参观活动。（三）按照市民政局、市文联统一安排和要求，着手进行研究会申报工作，通过了3A社团的验收。（四）从5月起启动了研究会的换届选举工作，于10月9日召开了研究会第二届全体会员大会，选举了新一届领导班子。二、举行《泰伯文化研究》（2018年）、连环画《季札的故事》首发仪式，文集部分作者、连环画主创人员出席。三、提出了2020年研究会工作主要设想：（一）组织出版《泰伯文化研究》（2019年），计划出版《勾吴印记》、先秦人物连环画系列，支持出版《先秦吴国史稿》。（二）根据市文联安排，参加市青少年主题教育活动。（三）参加第五届泰伯论坛活动。（四）组织研究编写泰伯庙前世今生的读物，传承泰伯文化。（五）吴氏文化研究中心，要进一步收集保护吴氏家谱，参拜泰伯墓、泰伯庙，清明前祭祖，继续请吴氏的各级人大代表、政协委员，用各种方式呼吁促进泰伯庙的建设完善和文保升级，积极提供研究成果，完成研究会交办的任务。(六)走访会员单位。(七)适时召开理事会议、会长会议。四、通报研究会会长人选调整情况和财务审计报告的结果。

5月16日,吴氏文化研究中心组织部分成员赴常熟仲雍墓拜祭。

6月19日,在园区召开了会长、秘书长会议。会议议程:一、2020年度研究会主要活动的情况通报。二、《泰伯文化研究》(2019年)组稿情况汇报。三、研究会下一步的主要活动。胡韵荪副会长介绍了今年上半年原计划中研究会的一些活动,因新冠疫情影响,都没能如期进行,但研究会的工作没有停顿,主要是《泰伯文化研究》(2019年)的组稿已完成,目前正在进行编辑。吴永敏会长介绍了今年市人大会议上有关泰伯庙二期工程重启的落实情况,提出了下半年研究会的几项重要工作,继续加强泰伯文化的基础研究工作,确保完成《泰伯文化研究》(2019年)的编辑出版。

7月4日,组织研究会会员参观固锝电子股份有限公司,近三十名会员参加了活动。研究会理事、固锝电子股份有限公司董事长吴念博全程陪同,并介绍了公司的发展理念和企业文化、企业精神。

7月31日,在曲园召开研究会会长、秘书长会议。会议内容:一、通报《泰伯文化研究》(2019年)编辑出版进度。二、通报泰伯文化研究会2019年度审核情况。三、吴永敏会长通报近期和无锡泰伯研究会交流的有关情况。四、商议研究会下半年的主要活动。最后吴永敏做了总结发言:一、《泰伯文化研究》(2019年)要在四季度出版。另外,今后文集主编仍由各位会长轮值。二、《勾吴印记》列入今明两年的出版计划。三、关于先秦人物连环画系列的出版,今年下半年制订一个计划,一并提交经费申请。四、下半年组织部分会员参加无锡第五届泰伯文化论坛,另外,组织会员前往无锡参观泰伯墓、泰伯庙。五、充分借助新媒体平台,普及、宣传、弘扬泰伯文化。

8月17日,在苏州民营资本投资有限公司召开研究会专门创作会议,部分会长、秘书长和专家参加。根据上次会长、秘书长会议的要求和市文联的意见,具体商议和研究明年创作出版的设想。与会者进行了认真的讨论,形成了一致的意见:一、文集应该每年出版,从研究会成立到现在,每年一本,已经五本了,内容很丰富,质量也较高,泰伯文化和苏州传统文化的内容取之不尽,我们完全能够编好这本文集。二、用连环画的形式来反映这段历史和人物，很有意义，因为通俗易懂，深受青少年喜爱。我们已出版了《泰伯的故事》《季札的故事》两本，大家建议，明年出版仲雍、阖闾、夫差、伍子胥、西施五位先秦人物的连环画，和已出版的两本合成一个系列。三、《勾吴印记》的内容很难确定，范围比较广，需要重新确认，希望作者尽快拿出修改意见。四、大家认为，可以编写《吴氏人物传》，定个吴氏人物确认的原则，每集收四五十个人物，可以一直出下去。会后，吴永敏会长准备就上述意见和建议，向市委宣传部、市文联、市财政局做一汇报，争取他们的支持。

9月25日，研究会向市文联提出了2021年至2022年创作出版费用的申请报告。一、2021年完成《泰伯文化研究》（2020年）的出版。二、出版《勾吴印记》，自泰伯、仲雍奔吴后，带来先进的中原文化，并建立勾吴国，其影响直到今日，本书主要对“勾吴”时期的文化遗存进行探访、记录和摄影。三、用两年时间，出版仲雍、阖闾、夫差、伍子胥、西施五位先秦人物的连环画，作为一个系列；另外出版一本《苏州泰伯庙故事》连环画。用连环画形式来反映这段历史和人物，让广大的青少年通过这个通俗易懂的形式，来接受和了解泰伯文化、泰伯历史、泰伯精神。

10月11日，组织会员赴无锡泰伯墓、泰伯庙参观和祭拜，二十八位会员参加了活动。上午十时，在泰伯墓举行了祭祀仪式，由胡韵荪主持。首先，由吴本立、吴光同、吴恩培敬上三炷高香；其次，由吴眉眉、吴海英、吴海云、吴友华、吴松鹤奉上供品；再次，由吴文元、吴嘉哲、吴小翔、吴怀智敬献花篮；再次，由吴永敏恭颂祭文。最后，全体参祭人员向泰伯公敬献一支香，三鞠躬。简单而隆重的祭祀仪式结束后，全体前往梅村镇伯渎河畔，拜谒了泰伯庙。

10月，吴永敏会长向市人大财经工委、市财政局、市文联领导汇报了研究会的出版设想和经费要求，有关部门同意给予出版支持。

11月初，开始启动《泰伯文化研究》（2020年）的组稿工作，本辑主编由吴永敏轮值。

11月17日，研究会在曲园召开2021年创作出版工作会议。《泰伯文化研究》（2020年）的组稿工作希望在年底完成，明年二三月进入出版程序。先秦人物连环画系列，调整为四本，即仲雍、阖闾、夫差、伍子胥，《苏州泰伯庙故事》选题不变。

11月28日，研究会2019年度年审材料获得市民政局通过。

12月17日，吴氏文化研究中心主任吴永敏接待了世界吴氏总会主席吴国荣、常务副主席吴先辉、泰伯吴氏祖地宗亲总会会长吴新等一行，他们与苏州吴氏宗亲、专家学者交流探讨了勾吴国的历史和泰伯文化的传承发展等。

12月24日，无锡泰伯庙周旦礼一行四人前来苏州泰伯庙参观，吴永敏会长、苏州泰伯庙负责同志与他们做了交流，主要内容是：一、苏州泰伯庙的管理经验和方法；二、苏州泰伯庙进行祭祀活动的一些做法和仪式；三、苏州泰伯庙的其他建设问题。

12月29日，为了进一步推动苏州泰伯庙和常熟仲雍墓提档升级工作，从而加强保护力度，吴永敏会长前往常熟与相关部门对接交流。